設計如水 敘事為徑 無序成相

約略之間

不被時間推翻的設計

李智翔

觀察一位空間設計師與他的作品，需要一定的時間長度，10-20年不等。慢慢地，你會發現，有人如曇花一現，剎那起落；有人細水長流，如不倒的長青樹；也有人不斷精進突破，跳脫你以為的、對他的認知。我個人覺得，智翔先生是後者。

「室內設計」，如果從「生活設計」來思惟，更能體現設計者底蘊的厚薄。如果僅止於解決空間技術層面的問題，相信科班畢業所擁有的專業知識，即遊刃有餘。如果每階段，能把一個平凡的空間，賦予它煥然的形式與內蘊，令旁觀者、使用者內心有所觸動；那麼，所謂設計者的「火候」就有了差異性。前者，其所擁有的知識，不過一毛塵水；而後者，卻是以四大海之無量知識，持續升進。

黃湘娟 ——《室內》雜誌 前總編輯

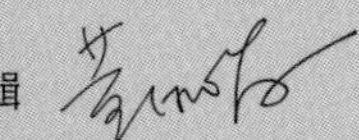

「不思而得」的種子

除專業外，智翔先生無間斷地向繪畫、雕塑、音樂、攝影，甚至小說等領域探索，紮實了他全方位的文化厚度。在他發表《向羅斯柯致敬》這個住宅作品時，的確令我更加關注這位年輕人。之後，《影子的香氣》精油店，感覺上，Mondrian的邏輯與觀念，已內化為他「不思而得」的種子。至於，《分子藥局》更是絕頂顛覆，示現他突破自己的又一境界。

能夠在智翔先生即將出版的著作中，分享他的成長與精進，是我的榮幸。

如果人生是一盒巧克力，智翔無疑是那黑黑苦苦的可可豆。設計路上的苦難，把他磨成粉，重重的難關考驗，把苦粉煉成香菓。

認識智翔，是在李瑋珉建築師事務所，那個人才培養的速度趕不上經濟蓬勃的年代，桌上永遠有堆積如山的設計案件。一天李先生告訴我一個好消息：我幫妳的組上加了一位生力軍！可以減輕妳負擔。這位大學在臺灣念法文，碩士在紐約轉念設計的新兵，就降落到我的組上。由於他不是科班出生，沒有圖學基礎，但是毅力堅強，每天可以生出厚厚一疊錯誤百出的施工圖，給組長訂正。讓我活在要自己畫圖畫到死，還是要改圖改到死的天人交戰之中，追趕交圖的期限，沒有捷徑，只有一步一腳印，錯一個改一個，把圖面修到最好。就這樣，他靠勤勞不急不徐地追上自己隱藏的天賦，使他的天賦完全自由，沒有驕氣。

「沒有驕氣的人，進步才能永無止盡。」

張惠婷 —— Studio TING 創辦人

把苦粉煉成香菓

事務所分開後，智翔開始了創業之路，我因為家庭的關係移居巴黎。多年不常連繫，再見竟然是媒體報導他事務所-水相設計的作品，當年無心的插柳，竟然枝繁葉茂。

「他不是超越了別人，只是超越了自己。」

展開這本書的設計案例，宛如打開一盒巧克力，撥去糖衣，每一顆都是一個驚喜，有滋有味的……。

首先想用自己很喜歡的一段話開頭，是水野學和山口周先生講的話：「在這個高度競爭的時代，藝術和設計美感的表現就更為重要了，品牌想傳達的願景與創造出的價值，都需要透過美學和設計的眼光完成。」這個時代的設計師很多，但Nic是我認識的設計師中少數具有藝術背景的人，想當初第一次到水相設計聽取作品簡報時，沒有拗口的設計工法，而是富含光影變化的《自由平面》和擁有強烈抽象色彩的《向羅斯柯致敬》，我彷彿從設計工作室置身到了某座優雅的美術館中，而我也在這構築的藝術高牆內，深陷於水相的設計美學。

劉彥伯 ——————**分子藥局 創辦人**

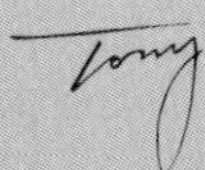

一把打開世界的探險鑰匙

從沒預測過分子藥局會像電影般戲劇性地爆紅，透過水相層層堆疊的設計，埋藏在文化與藝術中的呢喃細語，讓分子藥局打破全世界對於藥局的框架。也使我在27歲時，接觸到許多從不曾想像過的世界。被國際創投公司邀約入股、被大陸100強地產商邀請去上海、天津和南京。分子藥局就像是個活生生的有機體，一個迫使我得快速成長，且不斷重新思考商業本質究竟是什麼的生物。

很開心能與水相設計一起共同描繪出分子藥局的品牌世界觀，絕佳的設計正是一支開啟這難以想像的探險鑰匙，這裡頭有的不只是設計，更是結合了思考、藝術、音樂、文化等各種領域的探索。在這個答案已比問題更多的時代中，更需要在不斷地跨界整合中，提出沒人曾注意過的新觀點，而Nic，身為其中的佼佼者，透過這本書帶領大家去找尋更多新的可能。

2023.04.01

一直以來都是接受媒體採訪述說每件作品背後的故事，直到因為整理水相15年來的作品才豁然發現，原來我「從未訪問過自己」。隨著書寫過往慢慢憶起：誒，人生發展不是那麼順利啊，初入設計這行被嗆得滿頭包，以為工作穩定卻得重頭來過……每個看似躍進的階段前，都是茫然或孤注一擲的低谷。

但轉念一想：是一個又一個的「逗號」驅使我停下腳步檢視反省、重整旗鼓再邁開下一步。就像這本書讓我慢下腳步整理思緒：這15年來是我成就了案子？還是案子成就了我？檢視作品軌跡的同時，也重新看待創作的方法和目標如何演化至今。

而我心中建構空間的方法不安於一式——「繼續學習怎麼去學習」、「尋找不合邏輯的邏輯」，這些游移飄散的「約略」策略提供心境上的餘裕，亦是我認為創意最能舒適伸展的狀態。在實驗過程中偶而迸發值得定格欣賞的材料，成了不可預期的「意外之作」，正如近期與聲音藝術家許雁婷跨域合作《迷・瀾》，純以聽覺引領想像現實環境的明暗、縮放，也是我想以聲音寫的一封信。

李智翔 ——水相設計 創辦人 niclee

從未訪問過的自己

作品依六大章節分類，「憶・義」是找尋設計對應我人生的連結；「圖・途」講藝術對我的影響，也講切入案子的操作方法；「異・逸」談翻轉框架，在熟悉裡尋求突破；「廓・闊」是作品累積到某個程度後，開始把解決問題的方法系統化；「敘・續」談如何捕捉抽象行為，在作品留下的故事或餘韻；「聊・療」透過與新世代設計師對談保持對向學習關係，也是另個避免陷入慣性的良方。

設計沒有公式，我不過是想將走過的路轉成一篇篇易懂的故事，從幕後角度描述案件追求的突破及過程，或許給某位茫然摸索的設計師能從中看出想走的風景。

最後，不免俗地還是要發表「得獎感言」，撰書不僅回顧工作生涯，也想起許多曾經和現在一起努力的工作夥伴，因為眾人不同的背景、相似的反抗特質，才造就思維多元的火花，本書扉頁的幕後藝術家便是來自他們。更感謝《漂亮家居》總編輯張麗寶在水相坐困愁城時拉了我們一把，才有機會能分享這15年的辛酸苦辣。還有我的室友Imix作為家人與夥伴，讓我的天馬行空永遠不寂寥。最重要的，回想當年家中經濟能力有限，若不是父母義無反顧資助出國唸書，人生不會轉如此大彎、走上全力以赴的路。

謹以此書感謝我的母親——向從鈺女士與父親——李一民先生。

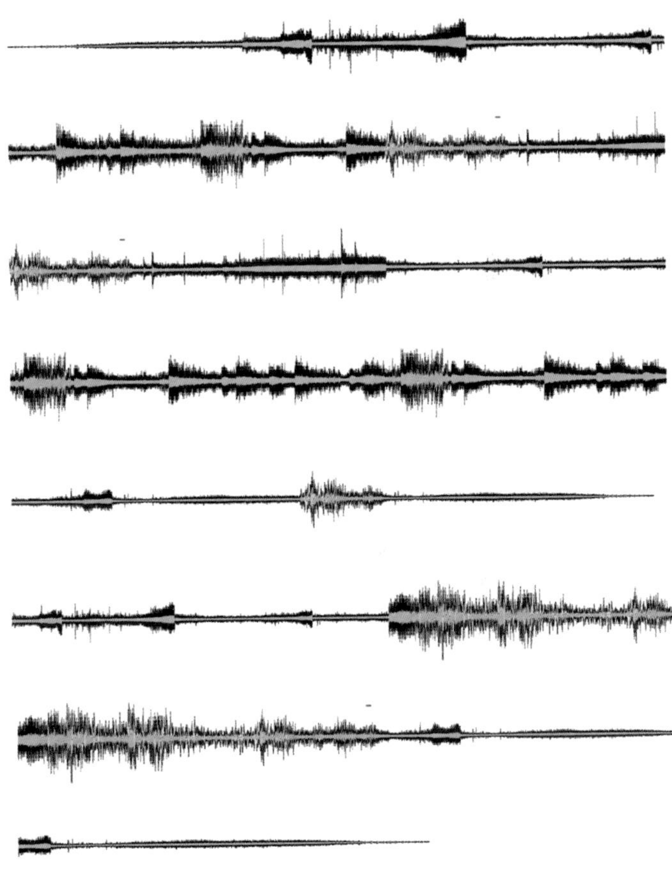

Yenting Hsu × Waterfrom Design　《迷・瀰》

許雁婷

所有的設計始於腦中所思所想，紙筆擦娑、工地敲碰在想像與現實裡瀰漫。

生活中的聲響組構變調，在水的多樣聲態裡聚散銜接，穿過聲音強弱，

重現空間的明與暗、壓縮與釋放，意境往往比意義迷人。

憶・義

Memory & Meaning

圖・途

Painting & Path

2

3

異・逸

Flip & Freedom

1

Shape & Spacious

4

廓・闊

5

敘・續

Narrative & Neutral

6

聊・療

Talk & Therapeutic

1

憶·義

Memory & Meaning

從觀察一條魚的視角，到以直覺速寫建築，
千萬種凝視與解釋，
有些需要空間發揮，有些經由時間作用。
曾被撼動或無心擦身而過，
於生命之流轉幾個彎，最終皆匯集成如今的我。

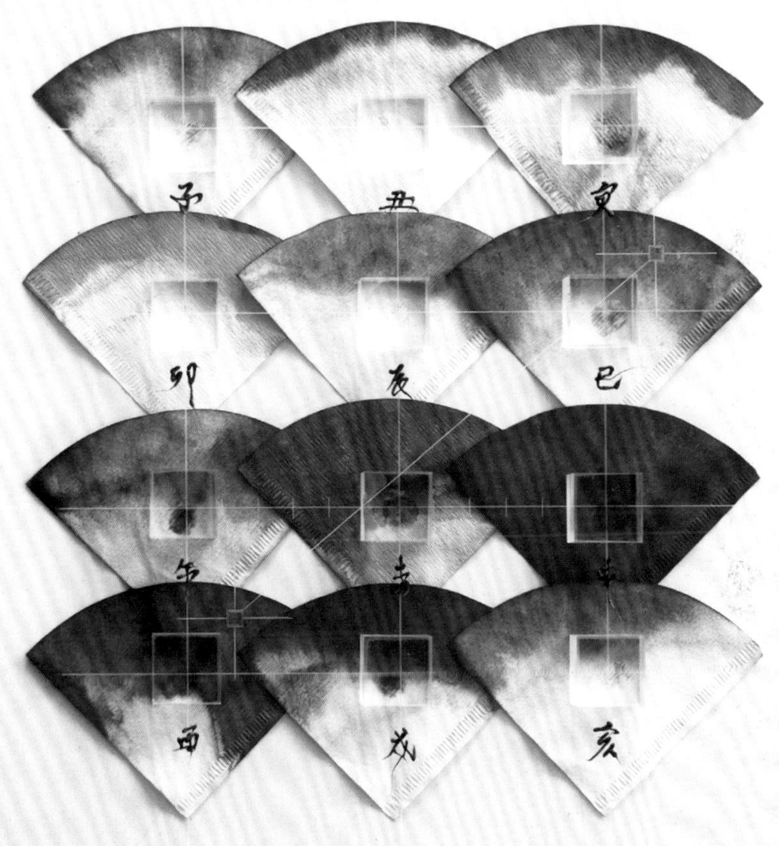

《日常 Blue》　旦翊・瑪〇鼠妮・基湯

成長，
是學會找另一面
看待世界

#WFcourse #award #interiordesigner
#waterfromdesign

基隆老家日式木造舊官舍。

基隆，日式官舍的文明與野放

基隆半山腰上的老家，是日據時代留下木造舊官舍，房子外圍是編竹夾泥牆，整棟房子以日式工法墊高的木造屋，室內地板鋪榻榻米、通道是木地板，下大雨得把窗板一片片卸下關攏，以現今審美來看很文青的建築，童年時我卻嚮往住進新房子。

因爲日式平房難有私人空間，一家人所有聲響都自由流動在隔音差的屋內，任何動靜攤在彼此耳目下；如廁得通過陰暗長廊、走到半戶外昏暗廁所解決，對小孩而言，心理陰影面積比房子還大。鄰近山區，家中常有蜘蛛蜈蚣、後山昆蟲蛇蟻出沒，若遇上雷雨颱風天，沒有氣密門窗阻擋的屋內常是狼狽，因而幼時對家周遭的感受是文明與野生界線非常模糊。

畫畫是讓我獨處的保護罩

記憶所及，天籟地籟、人聲蟲鳴是清晨還未睜眼就進入意識的環境音，不像現代人關進房間、戴上耳機就能屏蔽一切，童年的我無論人或思考都沒什麼機會獨處，除了畫畫。母親鼓勵我們三個孩子發展興趣，很多課我去了一兩次就興趣缺缺，唯獨畫畫課意外地貫穿了整個童年。

放假時，媽媽會專程帶著我去中正公園寫生，也記得每週六傍晚獨自提著畫袋穿過巷弄球場，步行到畫畫教室上課，得捨棄和朋友們熱切收看的楚留香，卻不能阻止一個孩子每週自動自發報到，不必母親催促利誘。那時我隱約明白一個道理：若你眞喜歡做一件事，不需要任何人說服你、沒有任何事可阻止你。

學畫不僅讓我發掘成就感、熱切投身其中，無暇獨處的我也獲得全神貫注的珍貴時光，上課路途與拿畫筆揮灑構成一連串儀式，在記憶中享有獨特意義。

在同學畫作領悟觀看的角度

習畫也讓我發現觀察世界的趣味，有次老師要我們畫魚，每個孩子包括我都努力畫魚身、色彩，唯獨有位同學從俯角下筆，比起我們的魚，那視角更能呈現魚靈活游擺的曲線姿態。當下我內心非常震撼，原來 「觀看的方式」 就是一幅畫的價值，而有些事物換個角度思考將更具力量。

｜1999 年紐約 Pratt Institute 唸書時期。
｜2000 年畢展模型，設計一座 「Computer Art」 數位流行藝術美術館。

在紐約，垃圾也能變成藝術品

即便從小習畫，我卻一直視爲純粹好玩的興趣，那年代還不時興 「以興趣當工作」 ，以至於一路雖斷斷續續在不同畫室上課，卻從沒想過將畫畫放入科系、職業選項裡。

大學唸了和畫畫一點也沾不上邊的法文系，也曾想過日後投身飯店管理業，這樣一路到畢業、當兵，卻在兵役結束前突然有個念頭：畫畫不能變成我的工作嗎？第一次認眞審視繪畫能力有何所用後，我改朝美國申請研究系所，最後獲得紐約藝術學院 Pratt Institute 的室內設計碩士班入學資格。

到紐約前我從未受過設計專業訓練，因此學期中除了系上實作課程，必須額外上一堂專爲非本科系出身者設計的必修課，探討各種主題激發學生思考「設計」。有次老師要求從各系所使用過的剩餘材料建構住宅作品，要從回收物找東西蓋房子聽起來難度很高，但亞洲同學們非常厲害，我們用垃圾也能蓋出有模有樣、甚至稱得上整齊的房子。

但西方同學們不來這招，他們不打草圖、不細究結構，看似找到什麼就直接下手，有人將廢材拼貼得像一幅畫，但更多人看起來只是亂疊垃圾、連房子都稱不上。沒想到輪番報告時，教授卻對看似垃圾山的作品讚譽有加！爲什麼？因爲西方同學的作品具備原創觀點，姑且不論可行性，他們提出問題、新的討論點，不受「約定俗成」技術框限，讓作品有了更多發想討論的延伸性。

事隔多年後再回想，那是東西文化或教育素養的差異，我們對於 「表現」 有截然不同的定義：亞洲亟欲訓練出萬事妥當的設計師，西方教育文化更傾向引導，培養執行能力之外，發想觀念性的議題是更重要的設計者養成。

在丹麥，體悟到找論點的能力

研究所後期，有門交換學程必須到丹麥哥本哈根大學上課四個月，離開思緒敏捷、技術訓練紮實的紐約抵達北歐，迎來再度大開眼界的教育環境。有堂課整學期未曾坐在電腦前繪過圖，教授也從不談圖面技巧，他會帶我們參觀不同建築師的作品基地，抵達現場總先自由活動、每人各帶素描本找位子速寫建築外觀。

起初我們亞洲學生以爲教授要看繪畫技巧，所以素描時超賣力、務求精準，還有同學第二週就帶尺來畫。但第三週後，我發現西方同學素描方向完全不同，他們速度慢、經常畫不完，圖面甚至不像實景，但一邊畫一邊在旁註記想法，與其說速寫建築，他們更像在做有簡易插圖的札記。

當教授開始帶領參觀空間、提問討論時，西方同學們紛紛侃侃而談、熱絡提問交流，原來素描時他們不專注於畫功，而是觀察作品讓自己揣想創作者的思考路徑，才能獲得整體感受與觀念上的好奇。

學習怎麼學習

從小到大我們學習事物有些熟悉模式：制定明確目標、找到學習要訣、提升技術。但北歐幾個月遊學經歷打破這些觀念，開發問題和尋找答案是學生的個人課題，一旦你學會怎麼學習，將來遇到任何議題都能想方設法找答案。

當年不太能理解這段歷程帶給我什麼實質進步，但此後每隔一段時期，回溯北歐之旅，我總能從工作遇到的狀況回頭印證當時所學所思，比起知識性、強制性的專業記憶，它反而潛移默化提供源源不絕的能量。有些當下不以爲意的經歷反而多年來持續發酵，最終，它們也許不會提供明確答案，但總會成爲開啓某個通道的鑰匙。

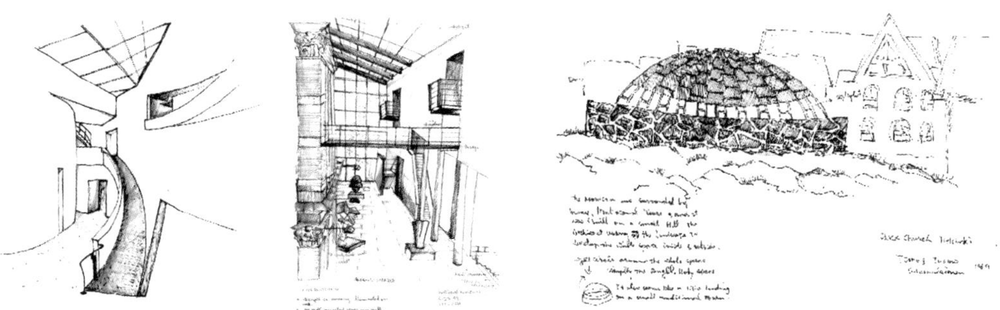

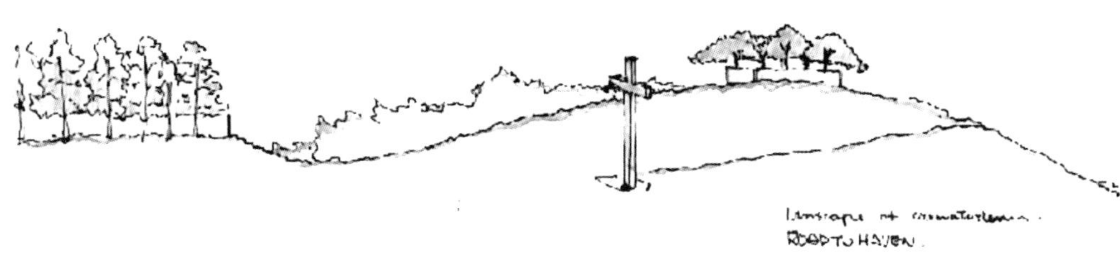

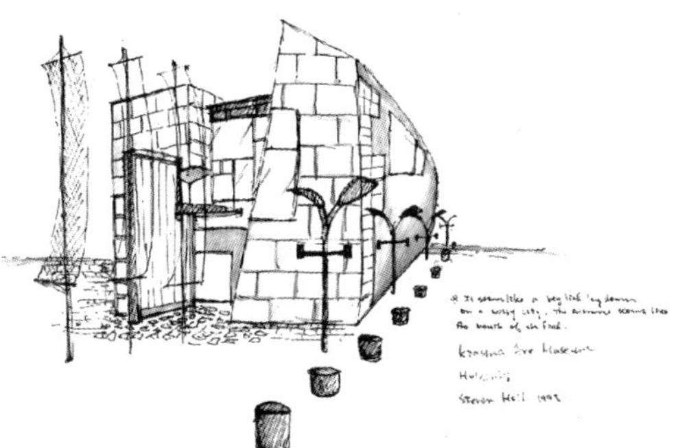

北歐遊學時期參訪的手繪稿。

回不回台灣？想過什麼生活？

畢業後學校老師曾推薦幾間紐約事務所，而我也順利拿到幾間事務所offer，然而當時家父重病，加上我立志總有一天要開創個人工作室，最後決定直接返台。回國後我立即求職設定兩種方向：一是跨國事務所學習公司架構，另一種是設計能量高的設計事務所。

沒多久我順利進入嚮往的知名建築師事務所工作，也幸運和一位自巴黎 École Camondo 唸書回國的組長合作，她掌握工作效率的節奏、對圖面細節要求，深深影響並奠定我日後的工作基礎。但當時上班鎖緊發條、工作強度極高的組長，每天六點半一到準時下班逛畫廊、看電影去品味生活，不像有些慢工慢活習慣加班的設計人。但這點苦了我！因爲六點半之後遇到難題就沒人可問了。

上午跑工地、下午進公司畫圖，加上網路查找資料不便，我常花費大量時間翻書翻圖，查施工圖、尺寸比例、施工技法，同時面臨英制轉公制的習慣問題，一時之間工作到凌晨兩三點才回家，或幾天睡在公司回不了家成了常態。

在工地現場也有點害怕，一來我實務經驗不足，組長交代我看到什麼就拍照、回公司再和她討論，「你就是我的 monitor！」 每天從工地帶回近百張紀錄照片，深怕判斷錯誤或漏看什麼。二來標準外省家庭的我對台語一竅不通，當師傅們快人快語用台語溝通時，我常聽不懂他們要說什麼，比如師傅問 「kuân-tōo」（高度），我一聽發音像 「管鬥」 還以爲：跟關渡有關係嗎？

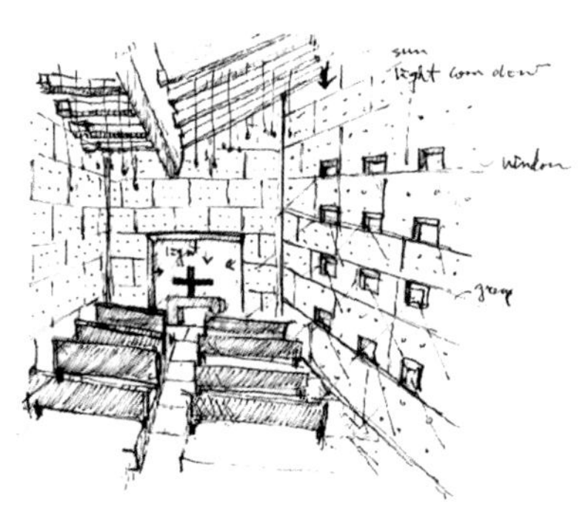

畫電器、畫廁所，和帥氣差了十萬八千里

長工時、低效率節奏頻頻重擊信心也考驗耐性。當時負責知名電器品牌展場，畫立面圖展架時我以尺寸差不多的矩形代表電器，結果組長要求全部重畫、所有電器要畫等比例輪廓。我只好依型錄尺寸畫進圖面，如此整整耗了兩個通宵，心中忍不住埋怨：「搞什麼，我從美國唸書回來是爲了畫電器嗎？」

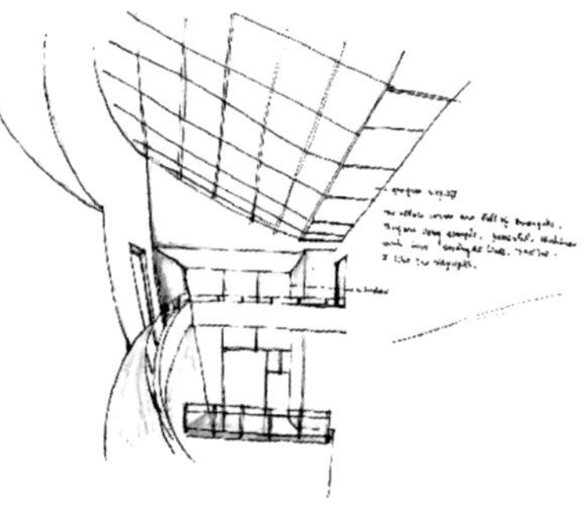

但排完立面圖我就明白了，當物件按眞實形體排上展架才看得出圖面律動，光用長方形試套是無法判斷的。這經驗後來影響我操作商空展場，例如 《分子藥局》 也要求同事依容器商品的眞實比例輪廓放入圖面。我可以偷懶，但也可以選擇更精確地規劃細節。

紅筆訂正與便利貼

在事務所工作的一年半常在處理瑣碎、執行面任務，例如斬石子分割線，甚至光廁所、洗腳池就能畫好幾個月。在學校時所有討論、作業可以單就概念天馬行空、瘋狂不拘小節，但事務所對比例和細節極度要求，我首次深刻感受到做設計的張力與壓力——牽一髮動全身。

偏偏我在工作之外的生活態度比較隨興，長時間高壓、高工時且跟對細節近乎執著的人們應對檢討，天天都是震撼教育。印象中一次要與美學品味非常高的知名企業主開會檢討圖，前一晚我幾乎沒睡一路趕工改到凌晨。隔天一早在會議上，業主一聲不響翻著早已來回核對過幾次的圖，拿起紅筆一張一張圈訂校正，原來圖面說明材質計畫的標線位置不精準，有些箭頭偏斜到空白處，業主一句話都沒說、前後標出二十幾個紅圈，但光是沉默已讓我們自覺顏面無光。

我大氣不敢吭一聲但全身冷汗、內心非常害怕。回公司後組長只跟我說：「智翔，我也是很隨興的人，但教你個方法有效率、有計劃地執行工作。」她建議一早先把當天工作項目寫便利貼、貼在電腦螢幕前，完成一件撕掉一張，如此能清楚綜觀事務輕重緩急，安排出優先順序就能有節奏地管理龐雜事務。做事情的節奏凌亂，出錯就易成爲常態，而它無關創意好壞或才華有無，卻足以讓人對你甚至你代表的公司失去信賴感。

圖學專業度受用一生

當然組長也不是對我全然包容寬厚，曾經在會議室改圖、全公司都看得清清楚楚的空間裡，二三十張的圖面她改一張、丟一張，跟設計美感無關、全是執行細節的粗心，我得忍著羞愧感和怒氣一張張從地上撿起。當時氣不氣呢？氣，當然氣，氣到想直喊我不幹了！說實話，瑣碎要求和磨練正慢慢消弭我的設計熱情，甚至懷疑自己會不會做設計？適合當設計師嗎？

可是痛苦的層層限制，無形中也積累成扎實的圖學概念——對每張圖的圖層、線條粗細比例，不僅資訊要對還得帶有美感，遠的、次要的語彙用淡線，近的、重要的用粗線，讓圖面呈現合宜景深關係。後來我創業之初遇到師傅們看圖，都說和他們從前配合的設計師不一樣，旁人絕對分得出專業度與掌握細節的功力，從前當菜鳥最難熬的精準要求，後來反而內化成出手的準則。

在美式職場找回設計熱情與信心

2002 年離開建築師事務所後，我進入一間在亞洲設有跨國據點，專門服務外商企業的事務所。有別於前一間設計能量高爲優勢，這裡近似剛畢業嚮往的公司型態：規模大、資源豐富，也希望在美式職場能適應得更好，重拾對設計的自信與熱情。

跨國規模的事務所分工周延，針對企業主的辦公設計就分爲我所屬專職創意概念的單位，以及另一群專營動線機能的設計同事。此外，公司還細分出行銷、策略計劃分析部門等，甚至 IT 部門還有工程師專爲設計部優化提高效率的外掛程式，內部資源遠超過多數中型事務所建立的團隊規模。

跨國企業，累積應對進退敏感度

公司很看重客戶關係營造，和客戶開會時，以前我們習慣以老闆——也就是創意總監——當活招牌，端出去的是作品和獨到設計概念，賣的是設計師個人美學品味並以此說服業主追隨。但這裡和客戶開會即便是初期接洽，會議桌邊一字排開一定是老闆、合夥人、行銷主管、策略分析部門和設計師等，一字排開陣仗遞出去的是公司氣勢與團隊專業度。

許多會議場合讓我學會應對進退的準則，日後幫助我能明快判斷何時需要跟高層級的人溝通、怎麼分析設計切入點、何時要堅持、何時該退讓到哪裡，是在此養成的功力。

跳脫舒適圈，爲了實現創意

但時間久了，我認爲單純設計辦公室已無法再深化、激發靈感，心中仍強烈地想做自己的事、求學階段的創意雛形，如果不鼓起勇氣創業，永遠不知道那些想法能不能實踐在作品中，於是一年多後我離開並開始接案。

最初是小案子、周遭親友介紹的裝修案，在社群媒體還未蓬勃發展的年代，我還自掏腰包印製上百本十幾頁刊載作品的小冊子，跑到淡水和大直一帶工地現場去發送增加曝光機會。

小公司是練功的絕佳舞台

自由接案一段時間後，我與同伴合作成立工作室，同伴負責所有營運和行銷事務，我只需專心於設計和工程。一開始只有兩人分工，很忙但我非常開心，因爲終於可以專注於設計，創意方面也有實踐、實驗的自由度。

其實不要害怕從工地到客戶服務磨練各環節，我從完全聽不懂師傅講什麼的菜鳥，變成能一人畫圖同時顧五個工地的獨立設計師，全靠現場經驗累積。很多突發狀況來不及回公司改圖，必須在工地溝通決定。跑工地也練就我的成本控管概念，有時得臨時換材質，多大面積的成本多少、能不能彼此替代，我不必回辦公室翻資料算半天了，幾乎能直覺地背出來、肯定判斷。所以不要害怕或迴避監工，尤其當你把創業作爲職涯目標時。

也因人員編制迷你，我得以更深入熟悉另一件事——行銷。在此體會到吸引媒體注意不僅作品要好，也要推出有脈絡的包裝：作品命名、挑哪些海內外媒體投稿、競賽，文案調性該如何、排版怎麼顯現質感。這些雖與空間設計無直接關聯，當時同伴卻堅定投入資金建立架構，因爲行銷不僅增加曝光度，更是塑造一間公司的美學信仰和個性。

曾以爲創業大概就是這樣了，沒想到計劃趕不上變化，七年後一些因素我離開了工作室，在 38 歲那年一切歸零重來。

背水一戰，大不了轉行當房仲

還記得離開那天開了一輛休旅車，自己搬幾箱外文書、設計雜誌和一台印表機，怕家人擔心而在外流浪三四天、心中有點茫然。但幾天後決心振作執行成立公司的計畫！當時身上資金不多，我有兩種選擇：一是有多少錢做多少事，先節省開支成立工作室自由接案，等案源穩定後再看情況逐步擴展規模；二是把創業資金一次梭哈！辦公室、設備、員工一切申請招募到位。

我選了後者，限定自己一口氣將所需架構建立起來，失敗了大不了 39 歲轉行去當仲介，或回頭找事務所任職當員工，但不背水一戰心中永遠會留著遺憾和疑問。

沒錢也要弄出座位留給未來員工！

沒多久在忠孝東路巷子裡找到前身爲鐵路局宿舍的辦公室，沒有任何案源我仍申請營業登記、架設網站還請了第一位員工。前三個月心中惴惴不安，我和唯一同事總是站在門外抽菸聊天，聊到心裡很慌。快山窮水盡之際，萬幸員工突然介紹水相第一個單層住宅個案進來，多虧此案的設計費幫助公司活了下來，那同事和業主眞是我的貴人！

接著接到另個別墅翻修案，業主原本只想整理車庫，但我還免費手繪其他空間概念圖分享想法，吸引他逐步改變周圍環境，大概被我的靈感和熱忱打動，最後我們實踐了完整的複層空間作品《向羅斯柯致敬》，慢慢地豐富作品能量。

獲獎如同在業界打通任督二脈

2009 年遇到扭轉一切的商業空間──《影子的香氣》，同年憑藉此作，水相第一次拿下 TID 商業空間金獎，在開業初期幸運以獲獎之姿打開知名度，讓我更堅信時間心力要用在精進自己的設計能力。

第二次轉捩點在 2014 年接到來自大陸地產集團的邀約，獲得機會拓展作品範圍與尺度。那時期大陸房地產發展蓬勃，一開始也非每次提案比稿都能獲選，相較於後來接下、發表的個案，公司存了更多只是紙上建築階段的草圖。

即便如此，每次提案我仍要求同事們不論拿下機率高低，都要努力創造新觀點說服業主，無論是靈感的切入點、文案敘述、設計內容，不能用照本宣科的「風格」模組便宜行事，無論如何都要秉持水相的個性與創作能量。

設計應如水，於意念展現無框架的可能性

回到最初，爲什麼命名「水相 WATERFROM」呢　？我從喜歡的介系詞「from」開始，它帶著不特指某物的介系詞美感，又喜歡水透明純淨且身具多種形態變化的形與義，兩者的開放及靈動，組在一起讓我決定就是這個了！

不用自己的名字＋工作室來命名，是希望最終能發展以中心思想爲軸心的團隊、支撐水相這品牌，而非個人明星化代表。未來水相作品將凝聚出某種個性，它不見得和我這個人完全重疊，也不代表任何設計師，而是具備立體的美學與執行邏輯，使夥伴們彼此認同，並吸引業主趨向水相敘述的故事情境。

2008 年的水相設計，在鐵路宿舍的一樓。

2022 年的水相設計，在另一條樹海綠蔭的中山北路上，繼續創造更多意念想像的空間。
2012 年的水相設計，在仁愛路巷內落腳、茁壯。

圖·途

Painting & Path

顏料材料，只是表達意念的不同工具，
我所做的僅是不停繪出多種可能、
在線條中保留直覺。
有時是物的輪廓或者我另闢蹊徑，
轉個彎去看別人眼中的習以爲常。

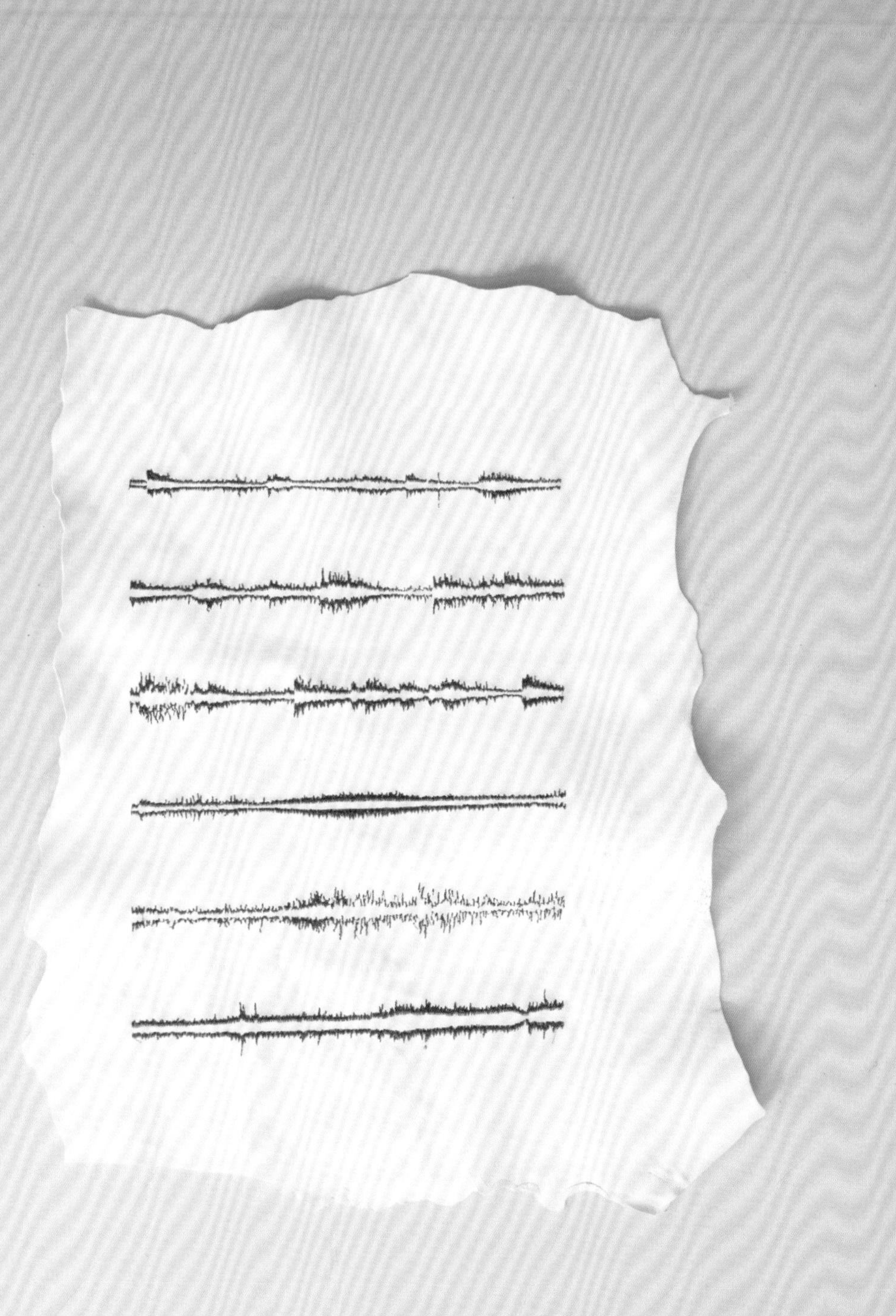

《Designer's Glitch》 Annie.L、Esther.Z、Una.T

藝術，
把平凡無奇
變得刻骨銘心

#WFexhibition #art #immersiveexperience
#conceptualart

1

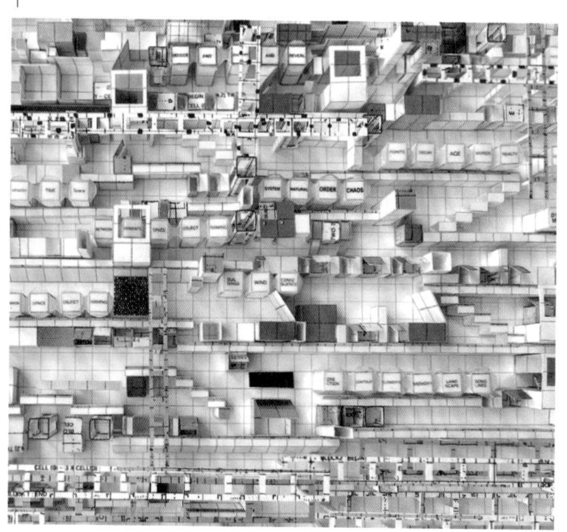

2

常在公司應徵設計師時最後問：「你最喜歡的藝術家是誰？或者最喜歡的一幅畫？」 多數應試者反應一愣，隨著一段沉默的空白，可能心裡還想：「這跟我的設計專業有什麼關係？」 但這狀況總是讓我意外又惋惜，畢竟藝術和設計所學都在傳達美學價值，屬性應算相近，不少設計者卻對藝術十分陌生，甚至不理解接觸藝術與工作有何關係：「我爲什麼要看展覽？爲什麼要喜歡藝術？」

我不認爲得成爲藏家或專家才能自稱 「喜歡藝術」，但身爲創意產出者，你替自己灌注養分來自何處？繪畫音樂、戲劇雕塑、各種形式的表演有沒有至少一樣能作爲後盾？

我有幸從小習畫而因此也喜歡看畫，在還沒成爲設計師之前就常往藝廊、美術館跑，不限流派不分古今東西，從平面繪畫到雕塑、行爲藝術、電影文學都雜食性地接觸，我的目標很單純，純粹就是喜歡在藝術裡吸收別人看事物的觀點，慢慢發現自己喜歡的作品有個共通點：「把平凡事物說得不平凡，把習以爲常變得刻骨銘心。」 用聰明的方式恰如其分傳達訊息，不過分用力地感動群衆，淺顯易懂但餘韻無窮，後來也成爲我設計空間依循的風格。

3

日本藝術家早川克己的紙雕藝術，如未來城市縮影。1
家中許多畫作是自己各時期的作品。2
利用標籤紙創作如點彩畫般的畫作。3

藝術是觀看情感的另一扇窗

1

例如英國雕塑家 Anish Kapoor 擅長使環境成爲畫布一部分，將簡單幾何表現得極不平凡，同時予人巨大情緒與無法形容的平靜，能平衡掌握兩種極端情感是多不容易啊！此外，Mark Rothko 畫裡深刻的情緒、林壽宇純淨工整卻藏細微律動的作品。藝術能說盡在不言中的憂愁，也能療癒孤獨。

2

慢慢收集藝術品也發現，我不喜歡太過複雜的畫面構圖，但太抽象、超現實的情境又離經驗情境太遠，相較之下偏好較立體、表現方式具原創性的作品。例如日本藝術家早川克己的紙雕藝術，高密度、繁複的矩陣排列如同一座未來城市的縮影，喜歡那突破二維視覺經驗、帶空間感的立體性。

另外像是法國攝影藝術家 Thomas Devaux，先將影像模糊成色塊，再以 NASA 專用分色玻璃創造另一層反射，使作品隨光線反映深淺色變，觀者同時映入框內成爲一部分的畫，也因觀念帶入創作使精神超越了有形尺度。另一位韓國藝術家 Sang-Min Lee，在參訪故宮後以玻璃爲介質雕塑器皿形貌，一旦掛上牆，便透過光和投射在後的影子產生份量，以透明輕淡素材讓觀者感知光的存在，像這類能與環境建構形貌變化、呈現觀看創意的作品，是我近幾年蒐藏藝術品的趨向。

浸淫藝術帶來的感受會根植發芽，會變成個人偏好或判斷美感的直覺，但將藝術帶入我的空間作品，算是不經意的巧合。

3

韓國藝術家 Sang-Min Lee 以玻璃為媒材，雕塑出光影形貌。1
Anish Kapoor 帶來的靈感，以鏡面不鏽鋼反射景色而消隱量體本身。2
法國攝影藝術家 Thomas Devaux 的作品。3

起初，解譯藝術只是如同象形造字

工作近十年後，我自創工作室後第一個案子《影子的香氣》，需替量體極小的精油瓶罐規劃展架，我畫了兩週的圖努力想在線條間找到律動感時，突然發現：這和Mondrian的《Composition in Line》構圖相近！在那畫面邏輯中我整理出產品與空間造型的關係，是首次在藝術經驗裡找到設計問題的解法。

此後另一住宅作品《向羅斯柯致敬》也有類似過程，在構思一、二樓開窗比例的機能問題時，大塊面佈局讓Mark Rothko色域繪畫浮現腦海，甚至定調成爲核心精神。但我不是一開始就爲了連結一幅畫刻意規劃設計方向，比較像是設計遇到瓶頸時，藝術累積的圖像記憶替我闢了一條風格之路，然後我發現這樣走蠻有趣的。

當時這兩個案子皆帶來不少媒體與業界關注，我也開始琢磨藝術能與設計連結的語言，而不單純只是解決案場機能問題。比如以畫的色彩學習配色、以比例學習尺度、以構圖安排空間景深，先不論落實的難易度，天馬行空的假設確實幫助我迸發各式各樣思考火種，甚至有段時期的作品，我會刻意控制空間裡的色調，利用不同材質組成強烈的單色視覺，如同在《自由平面》一案中的車庫就是揣摩藝術家Pierre Soulages追求的純粹與豐富。

這階段應用藝術的邏輯類似文字發展中「象形、指示」階段，利用圖像、視覺聯想去延伸概念，成爲我溝通創意脈絡的語言。

1 Mark Rothko的色域繪畫讓我找到空間造型的邏輯。
2 想表現Mondrian的《Composition in Line》構圖，但思考脈絡仍停留在單純圖像造型階段。
3 向Pierre Soulages致敬的黑色車庫。

1

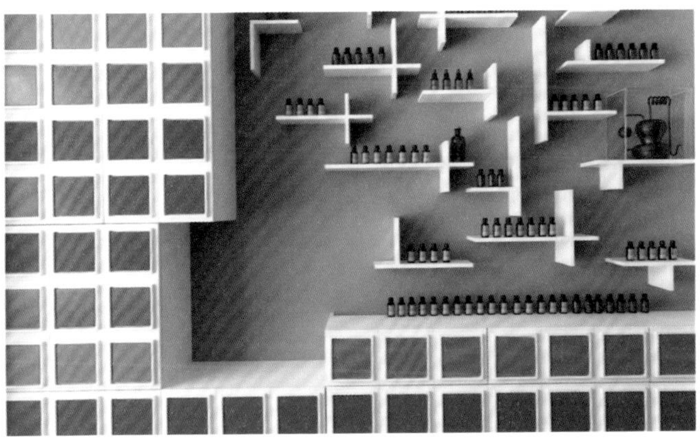
2

3

1

2

3

建構情境：設計的轉注、假借階段

但人會不斷累積改變，十年後，回頭看早期將藝術帶入作品的手法，那種直白拆解重組藝術作品的配色、構圖的解讀方式過於白話，並沒有深入了解作品核心價值，單從視覺符號出發，建構某些端景予人 「哇！這邊看過去和某某畫作感覺好像」 的場景魅力，僅僅停留在第一眼印象，沒有深化成藝術感動人的力道，而我開始希望建構「不那麼一目了然」 的設計，想把訊息藏進作品，比如非常主觀的 「情緒」 。

但探索藝術的各種實驗仍有其作用，直到 2016 年執行 《分子藥局》 一案，我們首度跳脫視覺直接連結某藝術作品，嘗試捕捉藝術帶來的抽象情緒。我認爲是進化到文字發展的 「轉注、假借」 階段——改變平凡媒材呈現方式來建構情境——模擬科學理性和自然樸拙並存的環境。

此後我更留意自然界線條材質，觀察某些形體爲何令人感到安心舒適？帶手感和直覺的線條，是否比用尺工整畫出的空間貼近人的天然情感？ 「透過設計我想捕捉的不是造型，而是能觸發個人經驗的想像。」

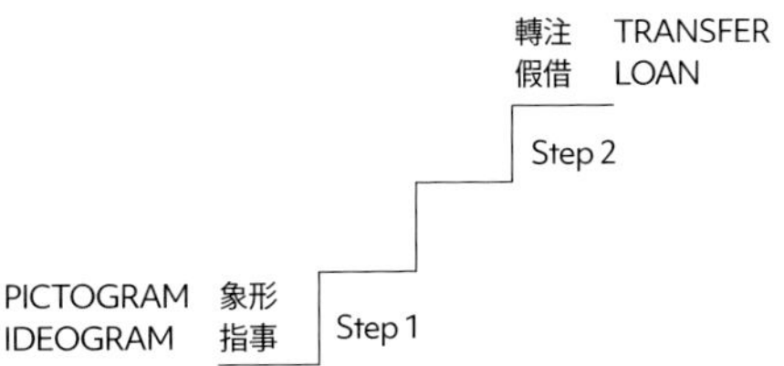

《分子藥局》開始懂得用自然媒材消融人工線條。1
壓克力柱體的透、天花色板的幻，種種堆疊出人們對於自我認知的不確定感。2
《美麗台 Beauty Stage》將彩妝選品轉化為五官圖書館。3

不是爲了造型，將設計視爲連結情緒的通道

此後如深圳餐廳《客從何處來》援引「沉浸式表演」及「網紅文化」的心理情境，將用餐體驗的「吃」變成一場「戲」；《構成73號》不對應任何一幅當代畫作，藉「色域繪畫」創作精神把空間視爲能走入的畫，利用色彩、量體建構抽象情緒，給人停留及詮釋的空間，它們在實踐的是一種體驗藝術的情緒。

和早期相比，藝術記憶在我思考設計時開始發揮不同影響：從前解決問題時，視覺的藝術符號浮現腦海時，我會直接擷取重組；近期在概念發想初期，會先隨一幅畫、一首詩，甚至個案周邊環境、街坊歷史引領主觀感受，捕捉情緒主軸，再依此尋找能詮釋它的設計手法。

換句話說，藝術早期給予的幫助是於重點部位賦予裝飾魅力、創造端景；但現在我能過濾、沉澱藝術給予的訊息，轉換思考方法：有沒有其他方式能討論這個設計案的出發點？

例如規劃髮品 juliArt 體驗空間時，該品牌精神提及「春泥」一詞，讓我聯想到春寒料峭的清晨、土壤潮濕卻散發冷冽清新氣味的畫面，它不是來自單獨一幅畫，而是綜合人生裡許多個春季、幾次旅行幾個清晨一瞬而生的想像，最後我順著那畫面決定該案色調、材質觸感和後期藝術裝置的風格走向。

1

1 生命從黑暗的沃土中萌芽，迎著清新冷冽的春日氣味，那情境觸動了《juliArt》的概念核心。
2《中海寰宇藝術中心》從 Wassily Kandinsky《構成》系列畫作發想空間感官體驗。

捏出概念 優於追求形式

從直觀畫面進化成思考方式，我也開始將設計過程視爲藝術創作。面對新案子時，我們提出各種假設，包括故事意境、材質選用，即便因現場狀況、偶發的人事物不得不調整方向，但不間斷實驗的影響下仍試著用精準語言表達訊息，對我而言這就如同藝術創作。透過藝術學習到傳達訊息的方法：觀察、說故事、建構充滿餘韻的氣氛，我發現以此引領想法時，靈感出現的路徑變得更多元了。

揣摩行爲、營造情境，其實是設計裡最困難的層次，甚至如何將腦海中一瞬的氣氛傳達給業主？如何解釋空出幾坪的位置，只爲了建造一道長廊與盡頭的窗？這改變了坪效、機能以及使用者看待空間的觀點，也是我們現階段努力目標：呈現行爲、建構傳達的過程，而不僅在色彩材質、造型機能的形式上打轉。

雖說行爲／形式常因現實條件相互拉鋸：設計師想藉作品帶來新的行爲模式，但偶爾得拉回解決形式問題——經費或業主接受度，設計的過程永遠得面對取捨，但正如 Duchamp 「選擇比製造重要」的概念，他認爲僅僅是藝術家做出選擇，就能提升平凡物件的藝術價值。許多概念成功與否需拉長時間軸甚至數十年才能論定，但不去挑戰概念，永遠只能處理形式、外觀限制的議題。

1

1 櫃門也能視為色域繪畫的畫布，將機能藏在藝術裡。
2《淡霧》因林壽宇的畫創作了造型書架。

2

自然直覺的線條，約略性質的不可複製性

生成一個概念，比任何使用多罕見的材料細節更值得探究，自然界隨處可見的鵝卵石、廉價人工的釣魚線，只要概念掌握得宜就能展現非凡價值、觸動觀者。例如英國藝術家 Damien Hirst 當年的展覽 《Sensation》 切剖鯊魚、採用昆蟲標本等媒材，不少人評論他瘋狂、手法太具爭議性，但我看到這個展覽時受到的震撼是這些存在自然界、水族館甚至市場的生物，用冷冽精緻格式重新排列後竟能帶來從未想過的感受、討論，這就是 「概念」 能衍生的力量。

在現實與概念拉鋸中找到平衡別無他法，有時甚至得習慣創作過程與結果總是充滿變數，只能持續繪製、嘗試可能並從多種版本尋找答案，只要不停地畫，想法就有機會被實踐。

我常在手繪各式設計概念或單純繪畫時感受到，世界上所有美的畫面都不是用尺刻意地工整，而是保留自然、接近直覺的線條，那種不可複製、蘊藏創作者信念的「約略性質」是珍貴的，這不僅是欣賞藝術找到的個人偏好，也是我想在空間作品保留的美感價值。

1 何謂最美的自然狀態？我認為是陽光＋藝術＋帶手感的約略線條。
2 染劑使銅氧化的作用帶著不可控因子，應用此點，以手工擦出如水墨暈染的畫面。
3 仿舊手刷木紋的質地，帶來時間靜寂的迴響。

1

2　3

•22°42'52.7"N
•120°16'49.9"E

歐若莊園 高雄 ,2009

JARDIN D'AURA
KAOHSIUNG

薰衣草田
看見蒙德里安

捕捉香氣與影子的若有似無

這是水相成立後第一個商業空間，12 年後再看它仍是視覺討喜的作品，開啓我連結設計與藝術的實驗起點，但現在回顧也充滿躍躍欲試的影子。

販售精油的業主曾到法國學習精油並取得藥師執照，希望空間呈現草藥專業氣氛，就像中藥店舖根據來者需求在藥櫃抓藥般，將療癒感與專業印象植入空間體驗。而香氣本身是無形體的嗅覺概念，即便存在、漫溢卻又因看不見而感覺虛幻難以保存，我認爲這和影子的本質極爲相似。因此在空間架構中，我想交錯應用植物的有形及抽象概念，結合中藥櫃和薰衣草田景色，將薰衣草花穗解構成塊狀單元，以紫色上下各增加兩度的漸層表現律動，如田野自然起伏的邊際。

蒙德里安的水平垂直線佈局

展示木櫃上搭配開放層架以展示小體積精油瓶，如此便需細緻且切割細碎的線條結構——「要保持純淨，但不能過於簡單；要呈現律動，但不能過於輕挑」——爲比例關係及施工精準的可行度眞是傷透腦筋。

依循這概念我認爲必須解構並簡化樹枝——它是南法田野間另一自然畫面——以垂直水平線交錯出和諧平衡狀態，在此線條關係中，蒙德里安畫作《Composition in line》浮現腦海，其線條與色塊的自然律動即是我想捕捉的效果，逐步發展出塊面自然錯落的模式，藉新造型主義邏輯與顏色敘述香氣，亦使圖像關係有實有虛。

設計「痕跡」還是太刻意

另一面立柱式展架，想像是莊園橄欖樹、黃楊、橡樹、香桃木等林木縮影，染上五種顏色拼接出律動，影子再從櫃子延伸到地面，創造垂直面與水平面的交集，那是斜陽下香氣在田野間長長的路徑。

其實此階段我對材質掌握度還不夠多元，很多想法僅透過木工實踐，無形侷限了選擇性和表現力，例如層架若用鐵件線條能更俐落，或能鏤空豐富自然光影，讓環境和造型產生互動。但設計這面牆的邏輯，是我首度嘗試拆解藝術符號來解決空間問題，同時也讓我試著捕捉背景中抽象的概念，它可能是香氣、光影、聲音、記憶這些飄忽卻仍存在的眞實感受。

用藝術符號解決問題

李智翔———門口天花板一路延伸向內的樹枝造型，亦是模擬、轉換自然界的律動線條。不過現在我可能會拆解枝幹線條再轉化成其他線索，以更感受性的手法深入場景。所有嘗試都是進化的過程，它們讓我跳脫更早之前只想穩當解決機能的設計範圍，過去的不成熟不代表不好，觀點必須透過經驗累積、深化。現在回顧當時我還不具備說故事的策略，單純是捕捉符號，亟欲表現作品力道，卻沒有更深層了解與空間故事的關係。

●22° 31' 01.7"N
●113°56'04.9"E

客從何處來 深圳, 2019

DOKO BAR
SHENZHEN

當飲食成為
流動不息的劇

每個人都期待 「成名的15分鐘」

通常我們會在空間正式啓用前拍照紀錄最完美精準的樣子，但《客從何處來》這間網紅甜品店反而是等開幕使用後，才實踐圖面無法預測的藝術美感。

最初業主提過想擺一尊藝術家蔣晟造的佛像，結合宗教和現代時尚的 Buddha bar，搭上拍照打卡的社群行銷創造話題。而店內複層空間的挑高條件，也容易使聯想到劇院劇場，概念發想時同事立即回溯到百老匯來台演出「極限震撼」秀的經驗——360 度舞台和表演路徑環繞的沉浸體驗。因此才延伸出後續設計主軸：把飲食過程定義爲展演行爲，入門接待入座、製作甜品、上菜以致於品嚐皆是環環相扣的戲劇章節，解構傳統用餐儀式的主客性質。

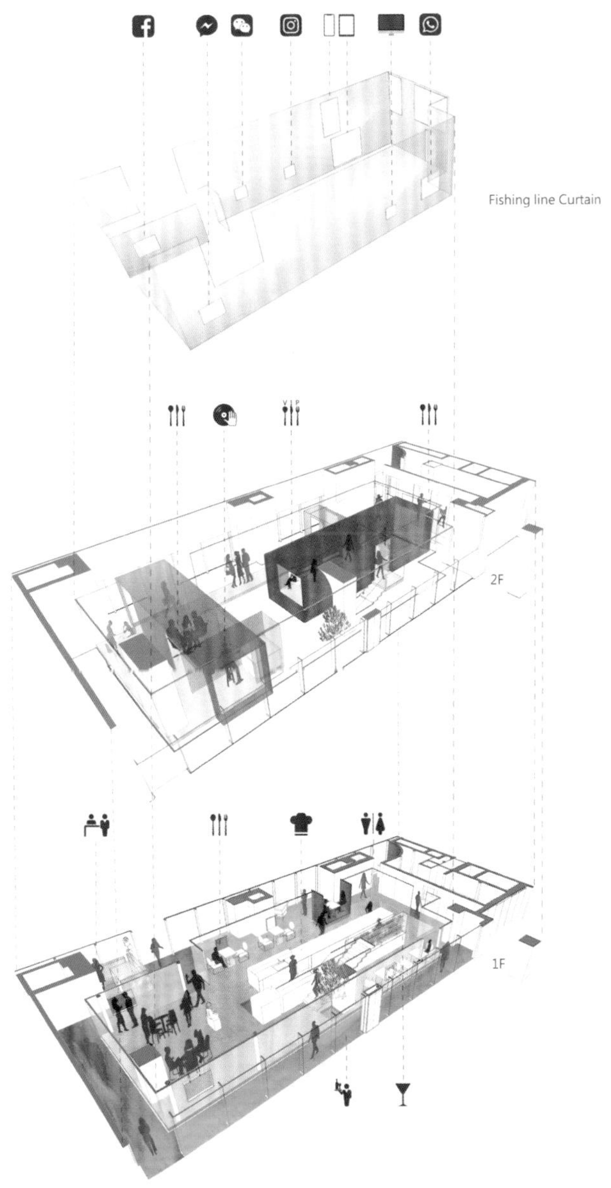
Fishing line Curtain
2F
1F

看與被看 朦朧和清晰交錯

普普藝術家Andy Warhol曾說：「在未來，每個人都有成名15分鐘的機會。」從幾個概念出發，「觀看」是成就空間氛圍很重要的姿態和動力——想看，也想被看。

當台上台下幾乎零距離時，人們會感覺自己成爲表演的一部分，走路和走秀的情境重疊了，表演藝術概念能將「食」、「藝」化爲設計空間的邏輯。走秀需要舞台，我們利用長型基地和複層空間的階梯架起多向度 catwalk，從入口接待到入座有充裕機會可享受身處舞台的樂趣。

打卡拍照最需要的「停頓點」，亦即戲劇張力最強的構圖，則用開窗設計來「加框」。餐廳兩大玻璃帷幕一側面朝商場、一側臨街邊道路，缺點是場域容易被看透而失去神秘感，我們反將窗的功能拉進室內建築，開出尺度不一如社群媒體的一幕幕框景，室內建築的皮層在此如舞台帷幕，以玻璃、沖孔網、鍍鋅鐵板、尼龍線、不鏽鋼等建構透明與半透、朦朧與厚實的對比介質，重要軸線上的幾個框景則像 instagram 構圖，格放了看與被看的行爲。

不喊卡的設計，表演不停持續

「劇場」概念也帶出一些實驗精神，不僅在實驗材質，也在這案子放手從前對住宅、商空追求的美感信仰，例如圖面要求精準到位、施工分毫不差的整齊得放掉一些，用釣魚線作帷幕絕對拉不出間距一致的線條，有些造型是爲了商場規範臨時現場改動的，整體比例無法在電腦確認各方面符合美的信仰，因爲你無法將每個上菜、行走、用餐的行爲計算進去。

我認爲這種寬容是新鮮的，邊做邊試驗效果、完工了卻還未完成畫面，必須等使用者進入、開啓行爲，一段戲才拼湊出流動的表演，而你不見得看得到開頭或結尾。類似王家衛的電影，演員們不清楚劇情的盡頭仍重複行爲、持續表演，不到最後，沒人確知自己在劇情的哪裡。

不精確朦朧的寬容性

葛祝緯——選定區分走道、包廂的隔牆介質前，我們很確定要找半穿透、能表現虛實關係營造朦朧效果的牆，但不能用大圖輸出細線貼玻璃的做法，那樣感覺太僵化，影像穿梭的效果也不夠乾淨。我們去太原街材料行帶回很多實驗材質包括吸管、PVC 水管，還有很多粗細不一的釣魚線，考量現場挑高要固定 PVC 管有難度，後來找了幾位阿姨到現場綁釣魚線，並在上下鐵構以雷射切出細槽固定魚線不隨意滑動。手工成分居多的結果是肉眼可見線與線間隙的不規則，卻反而成爲此案最大特色，是任何精確計算都無法模擬的效果。

劇場的不可複製性

李智翔———通常位於街邊的店面，會希望用力把所有最精彩的畫面設計到櫥窗裡、吸引人目光，但這案子是一個有層次、要納入行爲才有意義的場地，我們必須把很多畫面往後退，讓從前講究的精緻也退一步。因爲太精確、太滿，就沒有人影穿梭、行爲流動的詩意，也無法成就我們想表現 「看與被看」 的層次。魚線間距、老榆木的紋理、鐵件色澤就像眞實劇場那樣，它的不確定性帶有張力，有餘裕讓精彩的表演躍爲主角，那種不可複製性正好呼應劇場的藝術特質。

•25°05'02.2"N
•121°33'08.6"E

覺亞頭皮養護中心 台北 , 2021

JULIART
TAIPEI

春泥，
黑色連結生命姿態

炭筆筆觸展開的畫面

台灣髮品品牌覺亞 juliArt 邀請我們設計首間實體體驗門市，記得一開始吸引我注意是 juliArt 的 Logo，一塊不太完整的炭黑圓形。

業主解釋圖形象徵一根頭髮的橫切面，但它不是一個精緻完整的圓，周邊有些如碳化的小碎點，帶著炭筆捕捉輪廓的手感，「雖有缺角但會隨琢磨而圓融」的品牌精神，我認爲無論精神連結或圖像都是很美的。黑色是 juliArt 的象徵色調，也象徵著髮絲；碳、木石這些肌理輪廓不精確的大自然物質，該如何連結它們？在彷彿燒至碳化的木紋裡，我想到一種情境：春天未插秧田裡所見皆是稻梗燒盡的碳痕，但稻灰隨著雨水滲入土壤其實是養分，它們化作肥沃春泥滋養稻作。

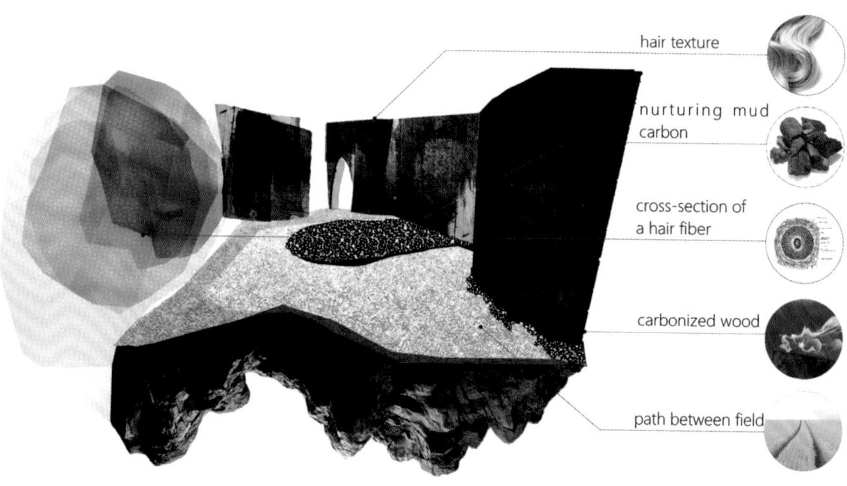
hair texture
nurturing mud
carbon
cross-section of
a hair fiber
carbonized wood
path between field

由關鍵字建立視覺主軸

於是我得到了關鍵素材：春天、炭黑、稻草、土壤、新生，它們構築出自然有序的循環，炭黑不是結束而是大地養護新生的起點，是象徵生命即將開展的色彩。有了基本色和循環新生概念，發展設計語言自然能環環相扣，我們要以觸感豐富、質地少加工的材質，統一覆上黑色來架構層次，賦予黑色純淨、安定、蓄勢待發和柔軟的意象。

大門把手以實木碳化塑造的 Logo 裝飾當引言，炭黑實木材的自然厚度構成立面質感，色彩單純了，空間自然降噪。穿過碳黑階梯隧道抵達二樓體驗空間，隔間與地坪分割線均爲流暢曲度，維持有機、髮絲的流動輪廓印象。需作分隔的洗頭區則用黑紗層疊出不均勻的飄動和穿透感，對比炭木粗糙堅硬，形成不同質感的黑色光澤。

材料的實驗得自己捲袖子執行

二樓窗邊規劃說明品牌核心價值的展區「細胞牆」，概念來自juliArt強調洗護頭皮的順序E>C>H>O，以此讓營養深入細胞的動態，我認爲可以用實驗室儀器來表述步驟，同時以視覺上的科學、儀式感，搭配乾燥花媒材作爲配角，強化產品自植物提煉萃取精華的印象。

結構以鐵網彎折如雲霧的蓬鬆有機，爲做出不規則深淺進退面、各種重疊浮現的濃淡黑色漸層，我和同事們親自在現場彎折實驗很多種版本，務求讓冷硬的材質顯得輕盈、柔軟垂墜。透過這面牆，翻轉人們對金屬剛直冷硬的質地印象。有時材料的實驗表現手法得自己捲袖子去執行，畢竟牽涉到對應環境的直覺美感，邊做邊調整才能完成「準確卻不過於工整」的審美價值。

混合泥地的各種黑色

李智翔——此案有趣在於專注於黑色，透過各材質實驗、堆疊單色效果，有厚實有輕薄，即便透光鐵網細胞牆，也能前後層疊壓出黑色透光層次，像紗一樣，豐富單一色域的表現形式。比較可惜的是，沒有機會全以實木堆疊、產生自然厚薄變化，以及應用稻草麥稈這樣的素材，去延續一開始構想畫面的關鍵字。

• 36°34'29.1"N
• 116°54'45.4"E

中海寰宇藝術中心 濟南 , 2021

CHINA OVERSEAS
HUANYU ART CENTER JINAN

藝術裡的現實
造型裡的機能

建築只是拉大了雕塑的尺度

這是一個從外殼就構成藝術企圖的案子，這是一幅多重視角構成的畫，亦是濟南泉城 72 泉外，構成第 73 號涓流的意象。

我們自建築階段就參與設計，決定量體邏輯就能創造所需空間尺度，包括開窗多大、立面多高。我們試想整座空間像在玩雕塑，差別是雕刻在塑物的外型，但我們從胚的內部捏塑體驗。從 「進入藝術品」 的概念衍生成 「踏入一幅畫」 ，模擬入畫並非針對某幅畫、複製立體的翻版，而是想像觀者變成畫的一部分，建築部件或構造是色彩立體化所呈現的效果，例如水滴曲面的紅色天花板，彷彿顏料將滴落而直觀帶來戲劇張力。

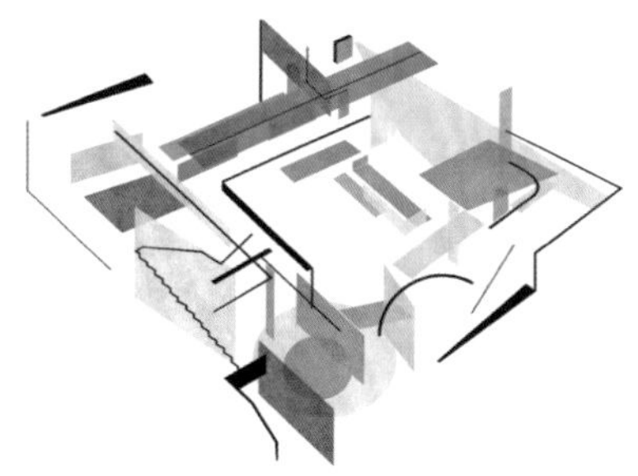

體驗相連而流動的圖像關係

透過建築尺度來撐出顏色量體感，有點像在創造色域藝術的沉浸效果，差別在於除了顏料還利用其他媒材，動線的壓縮與釋放能改變白色張力，建築開窗決定了戲劇性採光，影子成為游離色塊，路徑下沉或量體切削都能改變觀者在純色場域的感受。除此之外，我們也設計軟裝樣式來延伸細部線條、塊面量感，都是藉建築元素雕塑細節的實驗手法。

將結構想像成藝術媒材來表現概念，我想塑造的是各處望去均是沒有盲點的畫面，感受是流動、累積且因人而異的，而不是在某處拼組出模擬藝術的圖像，僅能帶來單一端景的印象。

廣場，非要不可的藝術留白

我們也想透過這種詮釋藝術的動態形式，改變傳統售樓處固定營銷流程，跳脫單一向度參觀路徑、亟欲展列的銷售主題，或者一般百貨大樓商場迎賓大廳的固定形象。從入口下挖階梯及量體圈圍出多面向的廣場，可聚集生活、舉辦活動，有餘裕讓未來的社區共享並賦予意義的空間關係，創造的是一種對未來的想像。

廣場以 12 米高立面的開闊條件引入天光，不論從何處經過必會經過此區，不需要鋪張造型自然能成人群聚集之處。礙於基地前低後高的落差性，先於入口墊高階梯進入廣場，到了中心再刻意降沉，側邊另以斜坡融合踏階，這裡不只是一處留白，希望未來能以劇場、舞台的型態利用它。

但考慮到使用者得接連多次上下階梯才得以進入室內，我們便設計另一動線自廣場左側出發、繞到基地後方再回到右翼的 U 型路徑，期間利用拉寬踏階、斜坡及樓面高度變化，隱隱消弭基地高低差，減少使用者明顯感受的踏階數量，看似爲了成就建築美感與體驗，實則巧妙解決了機能結構問題。

色彩構成的雕塑

林其緯——整個空間都在玩雕塑與色彩的關係，濃烈紅色被藏進結構縫隙、通道、廁所空間，它凸顯出結構層次、量體的局部性，讓人用抽象色塊或雕塑品看待純色的力道，好像你走在美術館內，抬頭，突然看見上方靜置一座藝術品。此外，我認爲軟裝設計幫忙加分不少，因爲許多大尺度的立面是留白的，若少了畫、帶觸感的藝術裝置、輪廓呼應主旨的家具，味道會變得平淡。

以雕塑概念檢驗室內建築

李智翔——這支鏤空樓梯是最困難的環節，配合基地形狀、考量通道與立面要保留的尺度它必須是斜的，但要斜多少角度很難拿捏、懸吊樓梯自身尺寸、結構該鎖在哪個部位？前後一共畫了近三十種方案，後來利用懸吊樓梯下順勢做出一道緩坡消化基地前後高低差，讓各個動線看去都維持尺度調性，沒有一處顯得壓迫、失去連續感的視覺死角。這種零死角的要求，也是遵從「以雕塑品看待室內空間」線索，顧及每個部位都裸露出來，每個裸露出來的部位都能被欣賞。

比起建構秩序，我更喜歡事物關係浮動散落的時刻，
沒有誰非得跟誰搭配，
一個問題也許有千百種解法。
在腦海裡一次次敲破理應如此的硬殼，
才能獲得「想都沒想過」的暢快。

異・逸

Flip & Freedom

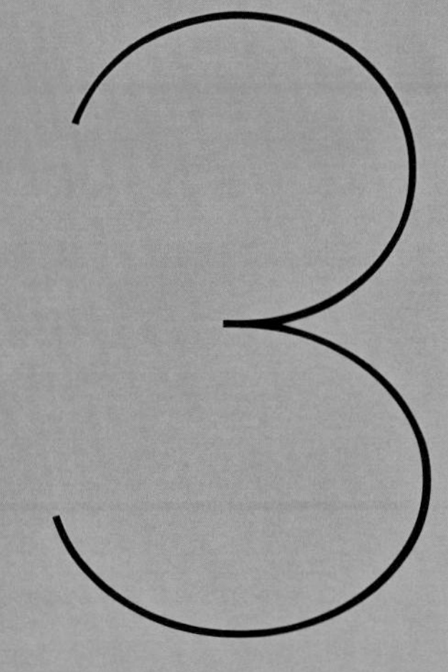

《刻 Ke》　旦翊・瑪〇鼠妮・基湯

翻轉，
改變觀看方式
就能改變意義

#WFlab #material #innovate
#transformation #imagination

1

2

英國藝術評論家 John Berger 在 《Ways of Seeing》 曾言：「我們從不單單注視一件東西，我們總是在審度物我之間的關係。」 我們觀看的不僅是物的本身，而是它與周圍的關係及產生的意義，意即當你改變觀看方式，也能改變對象的意義。

就像黑色在圖畫裡經常作爲配角，甚至愈少愈好，以免掩蓋其它色彩的光芒，偏偏法國畫家 Pierre Soulages 要用黑色當主角，用黑色表現光的映現，以極度簡單形式完成極強張力，扭轉人們對黑色的偏見，擴展黑暗與光線的認知視野。而摘下米其林星星的名廚，不在於食材用得多高貴，而是改變人們對食材的 「普遍認知」，他創造你從未想過的吃法，點亮了味覺體驗。此類打破成見、創造全新視野的故事很容易擄獲我的心。

在設計經歷上我舉個例子，爲隆有五金設計辦公室其中一面主牆時，我選了該產業裡藝術價值很低的便料——通常包在造型裡的扁鐵、角鐵、方管、三角型生鐵——整面牆拼出立體律動層次，並刻意放著氧化幾週後才上保護漆，讓不可控的深淺色澤成爲藝術手法。那些向來是空間配角的材料並不稀有貴重，但透過設計賦予它們被欣賞外觀的全新角度。

另一處企業形象主牆以金屬的元件一L 型鋁料構成，每一個 L 型都以 5 度轉向變化，在垂直向性的理性陣列中，其實隱藏著一條隱性拋物曲線串在其中，也因爲 L 型的轉向，使其垂直間距產生了疏密的錯覺，必須細究或行經側面才會發現律動的端倪。我常埋藏這種不是第一眼震撼的設計，若第一眼將所有精彩交代清楚，沒人想一看再看了，我喜歡創造第二眼才發覺的細節，吸引觀者更深入一探究竟。

3

每根鋁料微轉 5 度，創造多看一眼才能察覺的律動趣味。1

規格化的便料，改變觀看角度、拼組邏輯，賦予新的藝術層次。2

假借攝影底片重曝手法，將合夥人肖像轉印在壓克力板上，突破物件熟悉用途，賦予時光一瞬情境。3

1

2

3

1 讓厚重收納櫃家具化，甚至像巨型畫框俐落、獨立。
2 總是貼壁站的櫃子，在《複像交易所》辦公室變成廊道上的畫作。
3《重彩》將收納櫃變為延展景深的藝術裝置。

必須費盡力氣，才能看起來毫不費力

顛覆其實就是改變觀看方式，突破慣性。但我不認為 「慣性」 是非甩開不可的概念，從兩種層面來看：負向慣性在思考迴路裡，而正向慣性表現於專業技術，那是一種經年累月知識及現場處理能力。

比如畫過上百張圖面後，給我一張白紙也能畫出尺寸不離譜的平面立面，能迅速判斷家具比例關係，單從平面即能察覺立面銜接會有問題，熟知各類建築的空調、機電、消防設備法規，這些刻畫深刻的經驗迴路能及早判斷設計可行性、風險，避免後期執行面的矛盾。這種慣性培養的判斷力即是 「直覺」 ，珍貴而必須，亦是人們所言「你必須費盡力氣，才能看起來毫不費力。」

另一種慣性則藏在思考迴路、價值判斷中，它帶來的安於慣性就是限制靈感的框架，例如認為淺色比深色容易表現純淨感，認為玻璃比鐵件更顯通透輕盈。必須針對各種習以為常反問：「為什麼非得這樣？」正因習以為常的思考迴路無處不在，覺察慣性而生的判斷力才珍貴，必須時時推翻、撞擊才能找到新的火花。

例如住宅作品《重彩》客廳一面收納櫃，通常櫃子附門就是要藏雜物，但我刻意以沖孔材質做門板；櫃內背板又選鏡子替代木皮、配上玻璃層架，反而透過櫃子能看見對向窗景反射的光影畫面，原本單純置物關門的生活動作，多了觀看的重重層次。

又如 《時年》 次臥用的紅磚易顯粗獷、工業風，但我們特別去彰化窯廠訂製較薄且比例窄的紅磚，透過改變線條關係，就改變了材質直觀印象；而一般櫃體多會刻意順著樑收齊避免量體突出，但《複像交易所》我們刻意讓櫃子不靠牆，讓它們看似懸浮在空中的現代藝品。

脫離慣性，有探索才能產生線索

1

眞正羈絆設計是尋找創意、思路的慣性，一旦心中建立公式便如開啓自動駕駛模式，以經驗值主導設計、無法脫離範疇產生新的觸擊點，漸漸的每個案子都有跡可循、跳脫不了風格框架。

我最怕作品被定型爲某類風格、接連創造相似度高的作品，但怎麼避免設計僵化？首先，任何空間得回歸使用者，行爲差異一定伸展出不同故事，而不是由設計者經驗法則來主導空間、制約行爲。水相眞正想塑造的是一種個性，不是指形式圖像上的一致性，而是內化成思考邏輯並讓獨特性出現在每個作品。

因此我常鼓勵同事不急著開發最新最炫的建材，也不必耽溺上一回設計成功的成果，最終我們得回歸本質：思路要靈活、不害怕推翻和質疑慣性。即便是便宜素材、務實的設計要求，也要挑戰僵化目光（尤其是自我內化的），在習以爲常裡創造叛逆，你才能找到新穎和自由。

例如思考格局慣性，住宅開窗多半留給客廳房間，走廊放在最暗的中間通道，但我想嘗試沿著窗開帶狀長廊，從客廳一路通往臥室，讓「動線」享有美好採光窗景不遭切分。動線曲折有時也許比通暢有趣，樓梯除了連結樓面 A 到 B 點難道不能自帶詩意？《向羅斯柯致敬》的戶外樓梯，除了串接環境也形塑正立面構圖，搭配篩過陽光形成光影佈局；連接樓面一定得是階梯嗎？在《華潤 CBD 城市藝術展廳》打造旋轉緩坡，就讓行進過程不必謹愼顧慮腳步，放輕鬆感受不同高度、面向的建築光影。

這些都是我自問自答、推翻常理甚至推翻自己的過程。當然不是每次懷疑都能帶來更新穎非凡的手法，但總得先有探索才能產生線索。

2

3

戶外增設樓梯，豐富人使用建築的行為模式。1
《簡畫》讓動線沿著窗走，而非以隔間切斷採光及空間關係。2
長軸線上以靈動的隔間形式，空間得以盡享自由的帶狀窗景。3

1

2

做設計應讓想法流動、浮動、隨機

有同事曾提到要先有概念才能發展設計細節，但這也是容易僵化思路的線性邏輯。我認爲設計應是流動、浮動、隨機，甚至可以顛覆順序使設計段落散落，不像寫一本小說得先立好架構、角色功能再填補編寫細節，任何案子可以從多個觸發點啓動：先前未能落實的實驗、一個理想的窗景、一首詩、一個業主喜歡的顏色，接著才匯集線索嘗試連結，利用專業知識篩濾或隨機調整。

有時本是不成概念的靈感，補充調整過程反而強化成整個空間最具說服力的主軸，例如《水相事務所》 最初從洞穴、中藥、藝術展覽三大概念開始，彼此乍看毫無關聯，但各自延伸表現手法後竟慢慢攀搭出具體畫面，假如一開始單從懷舊、中藥關鍵字著手，最後發展場景必定不如現在精彩。

因此我鼓勵不急著確立設計目的，最初要保持思考設計的隨機、浮動性，推翻自己昨天決定的設計概念對我來說稀鬆平常，也許合作的同事們偶爾會爲此哀嚎，但否定的素材不代表從此無用啊！它能培養、能延伸其他枝節，有一天也許轉爲另一個設計案的重要線索。

至於保持設計思路的浮動、容納各種隨機彈出的線索，需要倚靠的是聯想力，講白話一點就是天馬行空、胡思亂想、放任腦袋實驗各種荒誕組合，而我讓自己保持這種開放性的方式是雜食地汲取資訊。

《水相事務所》最初靈感之一來自洞穴的安穩氣氛。1
利用光源方向及花草如標本展示的藝術性，傳遞「時光凝結」概念。2

傳記到菜單，皆成靈感資料庫

有人認為設計師平日一定博覽國內外設計相關書籍、大師作品或媒體評比吧？必須汗顏承認我沒有這習慣，因為多數空間論述著重文字敘述，偏偏我是圖像思考人種，太長篇幅會讓我腦筋打結而難理解創作者精神，遑論情感共鳴。

相形之下我反而喜歡傳記書籍，從 Richard Rogers、商業名人如 Steve Jobs、Warren Buffett 甚至國外政治家傳記都是有血有肉的故事，我對此興趣勝過於哲學論辯；就連中西方脫口秀也充滿貼近生活的題材，主題和設計雖無直接關聯，但不同領域的 「人」 透過故事顯得立體鮮活，在他們的生平捕捉環境背景、性格，很大程度豐富我去揣摩生活與情緒的畫面。

於是看過的故事表演、旅途遇見的人、名廚做菜要領等，無關設計論述卻也能蒐集畫面，不帶企圖心地暢快吸收，這些素材經常在我遭遇設計或溝通瓶頸時現身幫忙，不得不說接觸資訊的雜食習慣，確實幫助我快速擴展靈感資料庫。

1

1 從樂高玩具延伸出書櫃家具化、模組化編排的靈活功能。

2《福州萬科金域國際美學館》設計物件排列關係，讓福州舊日文物變身現代裝飾。

2

1

2

1 拆解、懸吊拼接文藝復興感的大鐘，正立面看來完整，但改變視角就看見彷彿一瞬炸開的時間。
2 靈感來自日晷的庭院裝置，實則夜晚才見光影意涵的照明設計。
3 書擋本是讓書不倒，卻故意設計部分傾斜、挑戰心理慣性。

聯想力訓練，用幽默翻轉物件造型

翻轉慣性和聯想力當然可以訓練，因爲生活經驗隨時都能引發靈感，就像 Philippe Starck 設計加州 Mondrian Hotel 時故意放大花瓶尺度、改變了它在空間裡的意義；局部格放大門古典門片的線板花樣，變成房間內飾板的圖案。那不是在 Pinterest 或 Instagram 用關鍵字搜尋圖庫後，照樣拼組製造的大同小異場景，而是來自個人對生活點滴停下思索的創意，且多半藏著幽默。

可能水瓶座個性很天馬行空，我常忍不住將稀鬆平常轉換樣貌，但一開始多半只從物的造型鋪陳張力。例如《自由平面》樓頂那座傾倒牛奶罐造型的洗手台，當時覺得需要白色、線條簡潔的生活物件，早上倒牛奶時突然覺得手中紙罐輪廓很適合！書櫃上用來防止書籍東倒西歪的書擋，我故意做成傾斜假書，讓人每看一次就想伸手扶正；《向羅斯柯致敬》院子裡有支日晷般立柱，結果那是盞立燈，夜裡才在地上映照細長光線的運作正與日晷顛倒。

設計《鉅亨網台北總公司》時，業主希望會議室牆上能創造一個視覺焦點，也許是個藝術裝置。當時一位主管隨口一句「Time is money」，便讓我有了靈感，所以我拆解了文藝復興風格時鐘輪廓，懸掛出前後錯位的 12 片向度，從正立面看是一圈完整的圓，但當視角挪動看到的就像四散炸開的時間，Time is money，但時間永遠不可控，端看你如何看待時間。

3

不「誤」正業，創意開另一扇門

除了翻轉物的造型、意義，再更深入從思考角度操作「翻轉」——不像藥局的藥局，不像珠寶店的珠寶店，不像 SPA 店的 SPA 店——當水相陸續遇到產業第二代接班人時，業主都想在上一代的成績中突破新局、建立產業多元視野。透過設計無論是提升形象或拓展觸角都帶來不少契機，例如《分子藥局》後來開始賣咖啡辦展覽，《濾境》和《理想氣體實驗室》讓生產線上重要零件，成爲企業工作環境裡更帶品牌凝聚力的裝飾。

《水相事務所》透過視覺元素，將 SPA 和中醫看似古今、東西相抵兩種面貌，結合在藝術儀式的場景內，替傳統藥學建構出欣賞價值，同時深化 SPA 療程的五感及體驗節奏，即使諮詢行爲也能構築一幅窗景；也讓療癒身心的現代產業延伸出與漢方歷史、藝術展演相連的品味廣度。

沒有哪類物件非得象徵什麼意義，換句話說，設計的力量在於總能改變物的慣性價值、審美標準。讓看似遙遠的線索匯集在同個作品中，協調出共存意義與和諧，同時豐富產業辨識自我價值的觀點，到了這階段我更能享受「翻轉」的思考、設計樂趣。

1 以花店、甜點店的自然甜美氛圍，顛覆珠寶店對精緻的定義。
2《水相事務所》一次翻轉了中醫和 SPA 兩種產業的功能與視覺印象。
3 從前努力藏的，現在刻意露出來變成裝飾，將商品視為色塊，以編排展示替代傳統收納要求。

1

2

3

•24°09'47.5"N
•120°38'31.4"E

分子藥局 台中 , 2016

MOLECURE PHARMACY
TAICHUNG

療癒，
從最小的單位開始

取材沒有什麼 「非得如此」 的公式

本案業主是藥局世家一位八〇後年輕人，身爲家傳第三代的他希望顛覆藥局傳統業態：但凡想照顧自己、重視保健的人都可到藥局尋求方針。基於革新的動力，他替品牌取名 MOLECURE，字源重組 Molecule（分子）與 Cure（療癒），希望拆分碰撞概念後產生更多經營突破點。

我們回歸製藥原點——自然界萃取分子合成能療癒人體的藥品——發展出綠色實驗室 「Green in the lab」 空間定位，結合特質看似衝突的 「自然」 與 「科技」 ，期待分子撞擊產生全新化合物，也許那將是詮釋傳統產業的新語言。

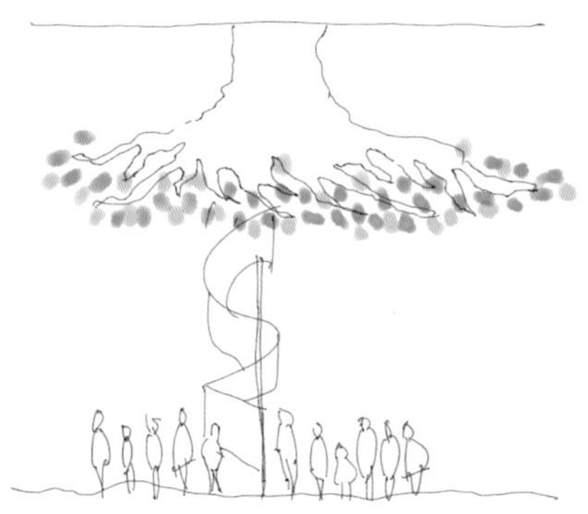

一張長桌 改變在藥局能做的事

由於分子聚合方式從三角到多邊、球狀、錐體皆會帶來外觀形狀截然不同的變化，我們擷取分子兩大特性：鏈結性及聚合性，發展出一系列展架的樣式設計，包括黃銅迴旋梯也是來自 DNA 雙螺旋結構，雷射切割梯板隨機排列的三角形沖孔，是分子結合的形式，也象徵陽光從樹梢灑落的斑駁光影。

在動線機能上，我們扭轉貨架排排站的高坪效思維，捨棄傳統藥局櫃檯服務的單向模式，包括調劑藥品轉爲開放性，讓一座實驗室平台成爲空間核心，藥劑師與顧客透過中島平台互動，開放動線使人走逛試用、藥師也能主動上前建議，打破櫃檯制式切分關係。後來店裡舉辦課程也能彈性運用這張長桌，改變鄰里和藥局互動頻率，後期甚至販賣咖啡、舉行展覽或活動，改變空間形式繼而迸發多種行爲可能——沒想過能在藥局做的事。

從前收起來的，現在全擺出來

藥局的本質就是供售藥品，貨品怎麼收納才不會破壞空間造型？我們把機能問題變成視覺目標——不隱藏，還要把它們當藝術品那樣擺，每種包裝就是一種色塊。店內幾乎都是開放展架甚至沿著挑高空間上二樓，當格式營造出個性，商品擺放其間自然浮現氣勢。貨架下排抽屜因烤漆質地太過人工、不符合自然調性而採霧面壓克力模糊物件細節，略爲透出色塊輪廓反倒延續整體裝飾目的。

在自然概念上，萬物生長的恣意性最是隨機且強勁，故實驗中島以實木堆棧而成，保留百年枝幹原始皮層爲平台底座；空間挑空處懸置綠植花藝並選枝條肆意生長的形態，顛覆傳統藥局沉寂氣味，也讓醫藥保健轉型成更正面的健康生活風格。

分子藥局爲了實踐現代與自然結合的創意，各材質工班都面臨客製實驗挑戰，從鐵工、木工、油漆、燈具都在解決「沒這樣做過」的創意與極限，但正因如此，不僅打破藥局既定印象，也打破許多材質結合模式和視覺慣性，讓鐵變得輕盈、讓原石看起來整齊、讓壓克力顯得華麗，「看起來應怎樣的變得不是那樣」成爲我們挑戰、翻轉的趣味動力。

破除既定印象最難

郭瑞文———分子藥局空間調性是結合現代與自然，鵝卵石的靈感來自某次和 Nic 出差看見公共建築使用鵝卵石，那拼貼、比例之醜讓人皺眉。所以當他提議在分子藥局背牆貼鵝卵石時，先前的視覺經驗讓我蠻掙扎的：放在室內空間沒問題嗎？原來破除心中判斷美不美的既定印象才是最難的。後來我們慎選全白、尺寸適中的鵝卵石，讓師傅一顆顆手工拼貼大小錯落，最終營造出效果震撼的視覺主牆，算是此案令我印象深刻的翻轉突破。

用反問來自我碰撞

李智翔———提案時用化學分子「碰撞」 概念，我認爲深化後更抽象的定義是 「線索概念的碰撞」 ，例如空間線條有人工、我就需要加入自然元素來碰撞。有華麗的金色旋轉梯、透亮有序壓克力櫃表現新穎，就需要自然非雕琢的原木、鵝卵石；有筆直複製的線條，就要帶手繪感的線條來打破整齊。華麗不一定是各種昂貴稀有的堆積，自然也不是原封不動的擺放，兩種看似違和的線索組起來也許荒誕，卻也可能拓展全新的概念鏈結。

• 39°55'23.4"N
• 116°26'29.2E

水相事務所 北京，2019

AQUA HEALTHY CLINIC
BEIJING

當時光凝結，
我的緩慢成了唯一

水相與水相，相見於江湖

此案為「客從何處來」業主的另個店舖計畫，聽到店名叫「水相事務所」時，我愣了一下，業主笑說：「我是幾年前已想好註冊的名字，後來發現有間設計公司也叫水相，這不是緣份嗎？」

業主希望水相事務所是一間結合中醫把脈問診的 SPA 店，深化美容服務、增加五感體驗。為了讓 SPA 店跳脫制式樣貌，起初我們訂了幾個關鍵字、天馬行空發散聯想：中醫＞藥櫃＞格狀陳列＞ Damien Hirst 的標本藝術；由於店舖座落在北京熱鬧的酒吧街，周邊臨近舊時胡同，地緣上新舊雜處如同北京這座城的縮影，因此「時光」成為串連新舊的軸線。中醫＞舊時過去＞保存時間＞杉本博司＞長鏡頭曝光藝術；從 SPA 概念出發＞休息＞水或洞穴＞漂浮或隱蔽的舒適感，先讓概念蔓生，再圈選可發揮的造型或氛氛線索。

水相事務所

凝結的時光展，懸浮的礦植物切片

創意隱然有了雛形，規劃平面卻遇到難題：基地形狀是最難設計的正方形，怎麼劃分都會使區域四散、難有主從層次，最後發現若用美術館藝廊來界定這空間，將各區視爲平等、互不從屬的展間，扣連展覽主題就能發展各自特色。

關於時間最切身的論述莫過於生與死，我們將標本視爲時間的有形載體，決定以「凝結的時光展」策展，擷取自然狀態的物質——水、光、礦石、植物，在宛如藝廊的空間展示各種寧靜美麗的瞬間。包括店內家具、櫃體都當展品思考，藉隔間架構一組組獨立展廳。入口等候用的長凳，邀請花藝家李霽以苔蘚植物、藥材創造懸浮的微型島嶼，下方照映光源烘托的漂浮感、具象化了時間，等候即是一場藝術。

藥理世界取之於自然，藥材、花草乃至礦物都是提煉元素，我們以前衛的光源搭配壓克力材質，近百種中藥植物礦物標本，包括芍藥、當歸以少見的草本姿態整齊羅列，玻璃、藥舖、胡同在眞空中展示時空連結。傳統中藥櫃留其型但改其制，以格狀透明壓克力注入水蔥色液體，替代置放乾燥藥材的藥櫃，深淺不一的晶瑩色塊替換掉過往。

與其找舊物倒不如以新寓古

而方形格局中央幾無採光但路線必經的按摩區，我們則框出一座透明展示「盒」，把使用者視爲標本放大「凝結」氣氛；上方用 LED 燈搭配光膜營造均質光源，並在燈盒擺樹葉再吹風使其飛舞，塑造藝廊避世寧靜感。

表現時光新舊遞移有很多手法，最初也想過是否要找大宅院的老木門混搭玻璃創造新舊衝突？但此案建築本身並非古宅，我不想復刻舊物或刻意陳列古董來緬懷，反而希望用當代設計語彙轉注舊時代殘影。因此與其找舊物倒不如以新寓古，用現代素材轉注假借過往形制。就像古代鏡子是將銅磨亮，我認爲擺一面古鏡在空間裡是突兀的，但這個製作語彙可改變形式，例如水槽前方嵌銅板並磨亮一塊邊緣參差，將古意藏入細節。種種細節堆疊整體藝術感受，這不是藝廊，但人們得以戴上欣賞藝品的目光看空間造型；這不是典型中藥店，但我們讓傳統在暮然回首隱隱浮現。

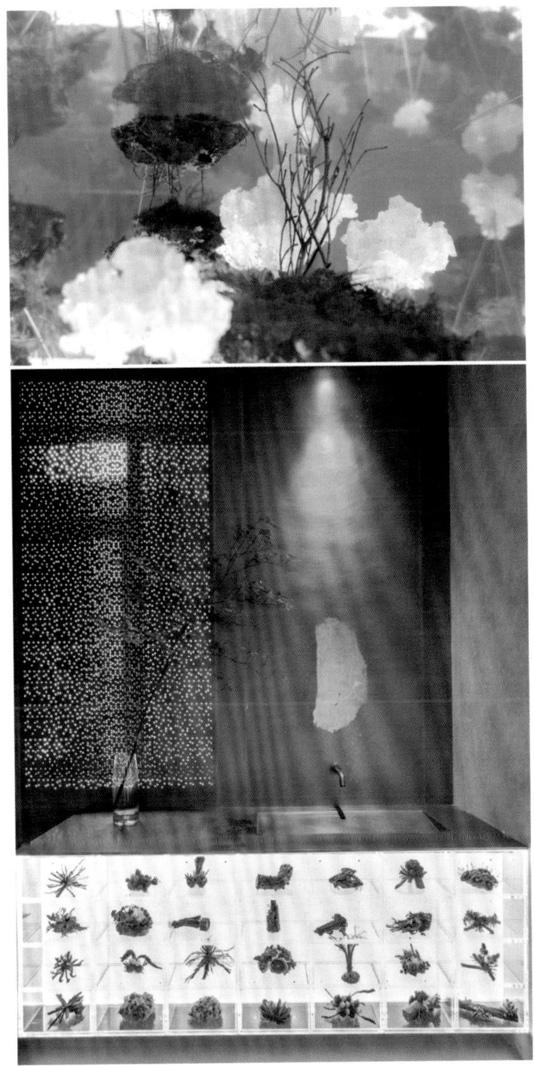

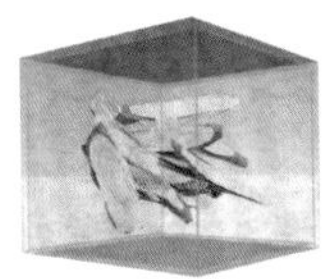

浮世繪的景深想像

郭瑞文——業主提過想邀日本茶藝家舉辦課程，我們便聯想到浮世繪山水，但 Nic 強調不能用具象大圖輸出，最好選簡單結構材。我們試著朝適合堆疊的材料去尋找，爲什麼是「堆疊」？因爲櫥窗邊深度不足，得利用背景造型創造景深錯覺。經過不斷試驗，最終採用四層透明壓克力棒前後交錯排列出疏密自然的線條。起初也因效果太暗、景深出不來而傷透腦筋，不斷嘗試素材和層疊數量，後來發現光源只從頂端照下不夠強烈，改用導光板使光均質由後透出，終於達到神秘深邃的平靜質感。

剖開洞穴，剖開古典美學

郭瑞文——店內穹頂結構靈感源自洞穴能提供的隱蔽、安適心情。處理立面時我試著讓拱門、洞窟狀天花板結構看似隨機地剖開，斷開習以爲常的秩序性，藉由這種破壞古典、破壞整齊習慣的視覺效果，增加觀看趣味和實驗的自由。

李智翔——這乍看像斷垣殘壁，我記得當時第一個念頭是爲什麼立面完成度只畫一半？但這種輪廓的趣味在於切掉習以爲常的建築形體，那概念因爲不合理而打破節奏秩序，相較於完整對稱的輪廓，格放般的結構切片更如被截斷的時光，反而創造驚喜。

•23°31'11.9"N
•120°27'41.0"E

森泉企業總部 嘉義 ,2018

FOREST SPRING ENTERPRISE
HEADQUARTER CHIAYI

濾境，
層層滲透事物之形

距離讓人用新的目光審視慣性

專營開飲機生產銷售的品牌於二代回歸管理後，進行翻修倉庫廠房改造爲新型態的工作空間，在勘查時我們發現既存空間有很多結構魅力，例如挑高尺度、欄杆、鋼構樑柱能直接了當陳述空間屬性，決定保留下來，將改造目標設定於改善採光、整合動線並提高使用舒適度。

「濾」 的概念來自業主公司淨水產品——濾水器濾心——水滲過層層濾膜變得純淨，液體流動與穿透濾篩發展出空間造型線索。半透不透往往能帶來特別的空間關係，部分穿過了、部分還在那頭，它營造一種曖昧卻彼此不打擾的距離，而距離總能讓人用新的目光審視慣性。

篩，是視線與動線思考主軸配合

辦公、會議需求必須的隔間，利用中空板、條紋玻璃等穿透感量感不同的介質混搭層層疊疊「濾網」，在垂直水平的動線穿透、層疊，濾掉視線但使光穿過，再以 U 型玻璃置換舊鐵皮外牆使廠房明亮、輕盈但多了隱蔽區域的分隔機能。

不只濾的動作，一開始我們看到廠房囤放濾心部件也想放入設計，設計師還想把空間做成一個巨大濾心，想說如果在廠房後端塞一個巨型有機形體，將工業零件轉化爲建築輪廓應該很有看頭。但後來我們更傾向建構俐落空間層次，符合定調的「篩濾」透視度，於是那些零件被改來裝飾空間，煞有其事地排列器材、原料、濾膽在層架上，讓人帶著距離審美觀看原本產線上規格化的物件。

回收再生的地景藝術

設計廠房外部回收站時延續「滲透」思維，原本只是一間置放堆高機、棧板和回收包材的鐵皮屋，遠處是工業區廠房談不上美觀的天際線。既然外在環境不美、工廠所需機能皆不可替換，不如用「濾境」改變輪廓意義。

以簡單金屬棚架外覆透明瓦愣板，如薄膜的皮層改變雜亂物件的細節，適度加工扭曲、模糊即浮現藝術性，若將之視爲戶外裝置藝術，回收物和工具就扭轉成必要存在的藝術環節，連帶背後遠景（高聳的煙囪）都成了觀看「展品」必須囊括的對應關係，演繹回收再生的行爲藝術。

扭轉材質樣貌的手法又如接待櫃檯背後的屏風，濾水器濾心裡有個重要成分「活性碳」，我們在設計過程不停琢磨：哪裡可以把活性碳變成建材應用？塗佈它變成面材？後來挑選隔間材料時想到：也許能將之灌入透明中空板？最終在混凝土澆灌的接待櫃檯背後形成一道屏風，灌入活性碳呈現自然高低律動如水墨暈染，如此將平凡或熟悉素材轉用於意想不到之處，使人乍看產生陌生的美感，是貫穿此案的創意調性。

價值不絕對取決於價格

李智翔——辦公廠房旁有另一廠區需要裝修，但預算無法和主要場地一樣使用 U 型玻璃換皮層，我想到荷蘭鹿特丹的碼頭常見工廠外觀用彩度極高的色調，放眼望去是此起彼落的色塊，將此印象發揮在這座工廠外牆，建議去找已經成色的浪板（節省客製、油漆成本）再排列拼貼出有節奏的跳色外牆，效果還不錯。

郭瑞文——我認爲這是一種改變思維、節省預算的聰明效果，而且和主要場地相互對照，一虛一實、一輕一重，也形成特殊的視覺美感，這結果可能比兩間都統一採用 U 型玻璃還好。

怕藏得不美，乾脆想怎麼露得好看

李智翔——思考辦公室隔間時，很早就決定找直接展露材質、不塗裝的材料，但要具備穿透感，後來發展出輕隔間鋼架搭配中空板，形塑線條交錯、影像模糊的過濾特效。於是處理長工作檯下方造型時，也用同樣概念框圍成桌腳，將走在內部雜亂的管線，篩濾成乾淨、同質調的線條組合，以此將不易掌控的施工變數轉爲刻意操作的美感，也是一種（省錢的）設計策略。

• 25°00'52.37"N
• 121°17'59.2E

京和科技 桃園 , 2019

JING HE SCIENCE
TAOYUAN

理想氣體的
存在與遊走

讓隱形物質變成看得見

經歷幾個翻轉即定印象的案子後，藥局不像藥局、工廠不像工廠，接著遇到這個產品性質特殊的設計案，當然要繼續實驗：辦公室如何不像辦公室？

此案是科技產業裡專售製程所需高科技氣體的公司，雖然我們只負責設計辦公室而不會遇到工廠設備器具，但先前 《濾境》 一案想將濾水器產品轉成空間元素的想法，到此案有了實踐機會！由於業主想跳脫傳統製造業的框架，我們從翻轉工業、工廠視覺定義著手，讓回收物變主角、讓隱形物質變成看得見。

工業容器轉爲空間線條

研究過程發現業主販售的氣體由外型統一、尺度略有不同的特殊鋼瓶儲放運送，質地和造型極爲工業、機能感十足，我突然有個想法：「能不能把計劃淘汰掉的鋼瓶改造成辦公桌腳？」將既有物件翻轉出新生命，強化品牌印象，同時打破 OA 家具規格化的平淡線條。我們花了不少時間和鐵工研究改裝氣瓶，包括怎麼切、怎麼焊接方管變成桌腳結構，甚至利用了巨型鋼瓶將之放倒搭配小鋼瓶、瓦斯桶組成會議室長桌腳架，形成如機械裝置風格的家具。

天花板直接裸露所有管線，如同工廠輸送氣體管路的矩陣版圖，並裸掛辦公室常見日光燈管，不僅方便日後替換，它們都令人迅速聯想到工廠和實驗室，卻在此組成新的秩序。

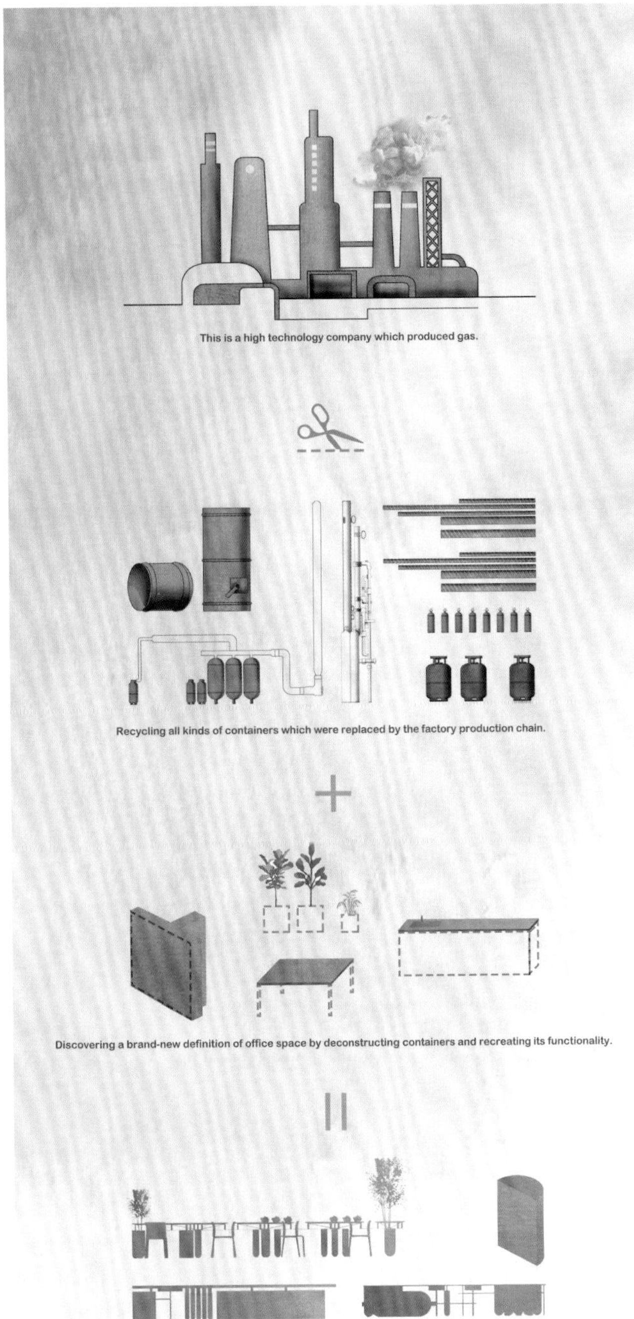
This is a high technology company which produced gas.
Recycling all kinds of containers which were replaced by the factory production chain.
Discovering a brand-new definition of office space by deconstructing containers and recreating its functionality.
The company is endued with a new image that is provided with brand identity.

島嶼座位上進行光合作用

不似傳統辦公室排排坐動線，設計對坐或垂直等多向度錯落的座位，其間穿插由鋼瓶鋼板架構的共用檯面，在無機質間如一座座珍稀島嶼。鮮綠植物彎曲的枝葉穿透鐵板與玻璃桌面，從宛如試管形狀的鋼瓶內長出。我們認爲一莖一葉是闡述物質形態轉變的微觀世界，行光合作用將其轉化爲氧氣散出，這般循環如同自然界物質固態、液態、氣態轉換游移的運動，以一株小小植栽爲媒介安靜深呼吸、換一口氣。

除了眞實綠植帶來的氣體轉換，我們也以顏色表現氣體在空間自由流動，想像氣體因溫度不同而轉換型態，表述不同溫度下氣體的存在方式，或染以顏色後飄忽流動。透過漸層色營造氣體蔓延之感，甚至變成牆上如色域藝術畫作的陳列，標示出氣體量感也統合辦公空間的視覺屬性——橘色就是理想氣體存在之處。

氣體的色相及重量

林其緯——立面大多維持無機質的灰階調性，凸顯橘和藍綠色地板的範圍，爲什麼選這兩種顏色？一來橘色是企業產品鋼瓶本色，二來回到以顏色表現氣體的手法，由於氣體升溫會膨脹上升、低溫使之下沉甚至還原成固態的特性，用暖橘表現輕盈、流動的氣體形態，冷色調的綠藍象徵氣體沉落地面，安定不逸散，透過物質屬性建立反映空間元素的線索。

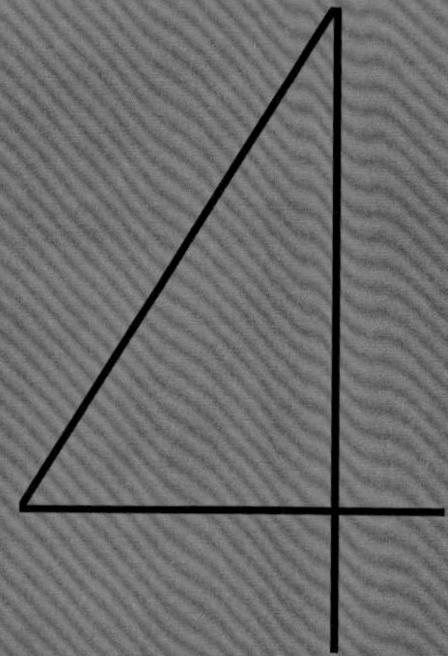

廓·闊

Shape & Spacious

令人感到自在的設計，
我想應該是
意念突破框架擁有無限可能，
然而不嚴肅不喧嘩，
本質上仍保持簡潔純淨。

《設計如水 Water From》 λH.λ⊥

解放，
自由編寫空間的
維度

#WFspace #cityplanning #timelessspace
#spatialthinking

1

曾被問過：「覺得有經驗和沒經驗的設計師，最大差異在哪？」我認為最明顯差距是思考平面和立面的方式。早期因工作經驗生活養分不足，進入一個案子習慣先解決機能，搞定平面才向上處理立面，塡色般選定材質色彩完成畫面。但那是一種線性思考程序，久了發現如此易使立面銜接相互矛盾。

例如需要開闊感卻因設備得壓低天花板，想維持明亮的角落卻無法在合適位置開窗。簡單來說，兩者分開思考經常顧此失彼，規劃格局時無法預想空間節奏、整體韻味，或來回修正耗損了時間。

立面繪圖的重要不單指操作 3D，而是二維轉三維的思考訓練，感受平面圖中的牆立起時比例合宜嗎？深度寬度有充裕延展性？視覺景深足夠嗎？最好畫平面時腦海已浮現立體環境彼此檢討，多工運轉的空間思路需大量練習來擴充經驗值，提高設計師對圖面、整體效果的判斷力。

過去旅行曾看過芬蘭建築大師 Alvar Aalto 作品展，其中不少 section model 讓我深感興趣，原來建構模型端看設計者琢磨於何處，例如有時以局部剖立面來放大檢視高度、光影與空間的關係，製作將想法反覆驗證的工具，比做一個漂亮完整的模型重要。

相信在沒有電腦 3D 軟體的年代，study model 是培養立體思維的重要訓練，早年剛入行甚至聽前輩說過，熟練立體思維到後來，畫平面腦袋就自動跑立體架構，平面和立面幾乎同時完成才是眞正厲害的角色。

2

在《華潤青島雲上觀海展示中心》中，當室內建築跳脫傳統隔間思維，必須平面與立體思維同步。1
以立體思維看待空間效果，建築某部分接近雕塑的本質。2

1

2

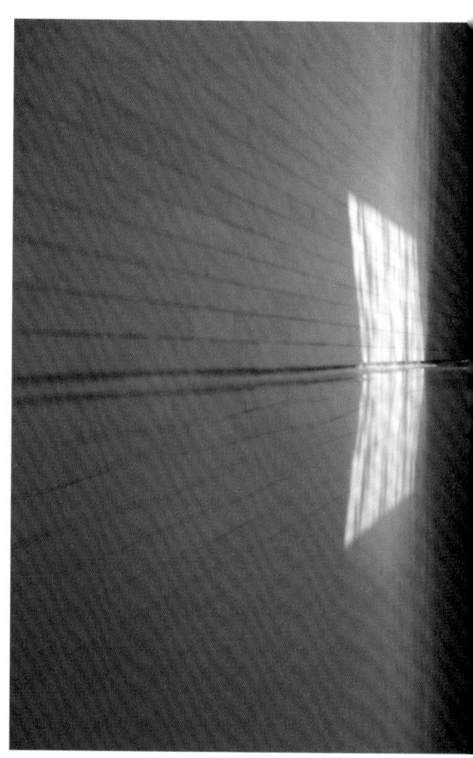

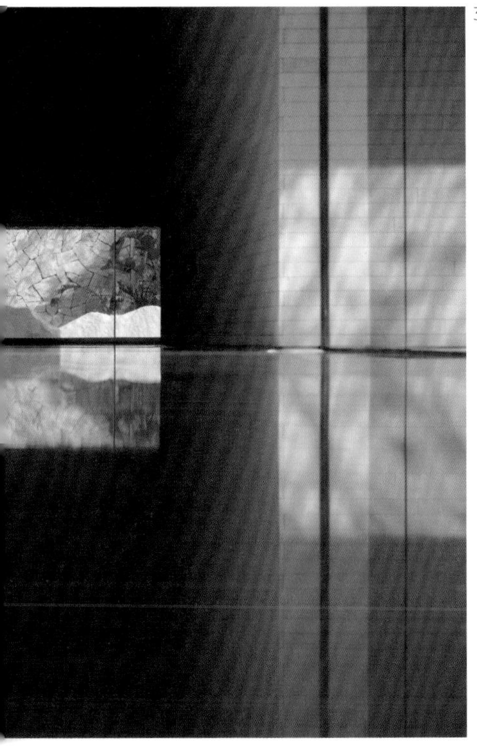
3

從平面線索訓練預想一座空間

另種思考訓練是多看他人作品，挑戰自己先看圖、不看場景照和文字論述，能推敲幾分設計意圖？能想像實景氣氛嗎？最後比對照片佐證猜中幾分。有時結果與想像不謀而合、有時天南地北，這過程彷彿腦海中與其他設計師相互辯證一輪，藉此映證自己慣性思考的盲點。

從前在紐約唸書時，教授會要求畫平面同時製作 section model 來討論，幫助學生模擬進入空間，而非單一平面、片段地思考效果。如今有了更易操作的 3D 軟體輔助，發展平面同時能檢討立面尺度、景深效果、空間比例氛圍等，提高設計師對圖面和整體感的判斷力。

不過我認為先不論大腦預想效果的天份、或操作 3D 軟體的能力，手繪習慣仍是重要且不可荒廢的，手能記載大腦思緒的流暢與即時性，絕對優於透過科技界面。很多教授也鼓勵年輕設計師在思考概念、捕捉靈感之初，不要急著上電腦操作，避免中斷想像力的擴展。

《萬萊逸宸接待中心》無限制的線條藉由牆板、天花無縫的曲面串連隨機能劃分的區塊。1
《華潤石梅灣九里會所》各軸線段落敘述因自然而豐富的島嶼，也傳達建築分配空間、建構生活的角色。2
「日夢長廊」利用半封閉中庭與長廊結構，塑造壓縮／釋放、建築／自然交錯的對比節奏。3

1

2

設計的彈性，彈性地設計

除了全面檢視結構帶來的氣氛效果，材料與家具的定位也需平面立面並時思考，例如材質該表現一氣呵成的延續性、或在重要切面停頓轉折，要多要減、要移要掩，藉多重視角交互預視才能確保協調性。

家具則是輪廓更複雜的形體，若不善用它們圍塑區域性，整體望去便顯得畫面鬆散、沒有節奏起伏。操作好家具或藝術裝飾才能強化空間份量，甚至延續立面的比例關係、延續設計想強調的主題。

另一思考設計的解放：當設計隨能力更隨心所欲時，不代表有多少條件就塞滿多少設計。尤其處理住宅，當業主開出一百個要求，我們應協助釐清統整，而非一一塞入空間。例如《時年》業主原想於客廳再訂一張直徑 150 公分圓桌，但我們評估無論下午茶、待客，有開放式廚房及長餐桌已能滿足，不妨改爲 90 公分方桌放窗邊，天氣好方便搬到露台花園用餐。結果四年實際生活後才知滋味，如今業主將這張桌子挪到她最喜愛的書房窗邊，是大家當初都沒想到的位置。

設計師永遠無法替代業主住進空間模擬需求，設計應創造的，是業主未來生活型態變化時，能夠自行判斷、改變的彈性及自由。

3

家具輪廓、份量也是圈圍空間氣氛的要素。1

開放性的場域，藉由家具的多向度的節奏安排，延伸其度假氣息。2

合適的家具或藝術品，能延續設計主題和空間節奏。3

先建構主軸，再安排線索

一旦熟悉同步思索二維、三維空間關係的模式後，我首先感覺打開了設計的自由度，處理大尺度空間能全面評估、即時調整，思考模式也一改從前線性順序變成：先建構整體空間的主軸，其餘線索可依附主軸多方發展下去。

實踐這項能力最好的機會，是水相開始接到不同城市售樓中心設計案。有別於單層住宅受限環境條件，腹地相對廣大的開發案、售樓中心發揮尺度很大，複層空間關係甚至涉及建築規劃，需要立體思維並進以推演平面配置。

例如水平垂直面如何壓縮釋放以影響延續、停頓的節奏，材質結構如何鋪成情緒，串連一切後、人行走其中的連續感受爲何？透過科技同步驗證二維和三維，我可以更專注處理、維持水相的本質訴求：純淨而不喧嘩，不用華而不實堆砌氛圍，也不刻意著墨工整，控制設計在恰如其分的程度完成畫面和諧。

1

1 疊架屋宇、向上構築巷弄的概念，成為「垂直里份」室內建築主軸。
2 串連空間，得思考動線視覺是否能不停延長。
3 無需華麗材質或喧鬧拼貼，創造建築尺度後，我們能專注於水相的本質。

2　　3

設計師得像電影導演般綜觀環節

當設計尺度從住宅案拓展到涵蓋建築層面的售樓中心，其實壓力很大，不僅要解決機能、營造氣勢，還要模擬觀者在空間裡的動線，包括行進與坐姿不同高度所見的量體角度，以及自然光不同時序帶來的效果，甚至開窗能營造直射、漫射光源的明暗差異，搭配建材完成的環境價值感等，這些價值感單從片面的平面、立面圖是很難掌控的。

而合作對象也從業主涵蓋到專業項目背後的執行團隊，建築、營造、甚至燈光都由各公司分工，專門負責佈置的軟裝公司還得懂藝術，才能顧及場景需要的氣質。而我們身爲設計公司角色類似電影導演，要統合各方意見和施工條件，解決和顧慮的層面也更複雜。

但也因案子規模大、分工細，各單位都有豐富執行資源和經驗知識，舉照明設計爲例，還加入專做酒店燈光設計的團隊執行，以期營造情緒節奏。早期我們設計售樓中心時還不太能掌握建築尺度的照明與氛圍，於是出現整排投射燈，或是好幾顆投射燈再加燈帶的設計，空間是夠亮了，卻沒有經營出吊人胃口的光線氣氛。

直到《華潤 CBD 城市藝術展廳》遇見燈光團隊，我們嘗試隨空間關係來斟酌光的位置、強弱，讓過道有微光和幽暗來烘托情緒，在牆與牆之間流洩自然光，或者利用由弱到強的照明層次深化印象，在專業互動中學到思考燈光的多元觀點。

1

1 天光明暗能順勢區分行為氣氛，人造光源錯開活動高度，多以桌燈、藏於圓柱間或高懸於屋頂，使其安定。
2 光線有明有暗、有強有弱，才能在純淨立面間創造記憶點。

1

2

1 在售樓開發案裡，設計的角色可能已涵蓋建築、景觀等層面。
2 三亞海棠灣都市開發案中心的紙上建築。

設計者所能想的，可能一座城市那麼大

開始設計各城市售樓中心後，我改用更宏觀的視野看待室內設計的定位。過去經驗的建築、室內設計、景觀設計三方獨立，室內設計師在建築與景觀抵定後才進場，能影響的層面很淺。

但我們規劃售樓中心常於建築階段執行統合，讓我們用室內格局、看出去想要的風景，去改變建築、調解景觀，室內所想不再只是大型開發案的配角，甚至可以因為住宅室內預定的風格，決定戶外環境要植滿林木、遼闊草皮還是需要河湖水景，徹底顛覆我所熟知室內設計師可著眼的層級。

最近在三亞執行一處河岸都市開發案中心，它代表一個區域的資訊中心及象徵建築物，原先甲方構想以氣派兩三層樓眺望地區，但站在中介立場我們認為應削弱人工物質介入地景的比例，建議建築師壓低建築輪廓，讓牆體、玻璃帷幕甚至屋頂半植於地表緩坡間，無論遠觀、鳥瞰所見建築能融入環境。室內一樓沉浸於自然景觀，展示樓層則順著室內斜坡緩降至地下室，希望人工與自然的邊界淡化至不著痕跡，創造在環境中更自由的生活樣態。

從生活角度統合建築與景觀，室內設計師已能替未來使用者預留融入自然的位置，讓室內看去更具層次、有起伏的起居滋味。

創造不被時間推翻的空間

住宅要處理的多是一位業主的需求，它能具體清晰、專注於細節；但開發案相當於打造一座城市，即便售樓中心都不是即蓋即拆的速食設計，它們的使用時程可能五年十年之久，很多作品甚至結案後會移轉爲社區永久使用。

例如 《華潤北京幸福里》 未來要當幼兒園，《萬科金域國際美學館》 將成爲社區圖書館，《中南九錦台售樓處》 會是當地社區活動中心，《華潤武漢啤酒博物館》從舊址化身爲雪花啤酒博物館，而 《遠洋長江樽國際無界藝術館》 在營銷期間同時辦過時裝秀、黑膠唱片展等藝文活動。

雖然公共場域有很大空間讓設計發揮創意，但因使用時程長、用途多元，設計必須考量美感和生活價值觀五年十年後會不會落伍？實用面會被推翻嗎？顧及層面複雜，而多數售樓中心設計週期僅有三個多月、最長六個月，實屬高強度設計任務，需要更宏大的思考邏輯才能統合，不容易。但我在這些案子裡構思人們能體驗的可能性，也獲得更開闊的發揮彈性。

期許無論恢宏售樓中心或一處擁有綠景的小小住宅，我們皆能打造美感價值能自時間限制解放出來的空間。

1

1 許多售樓中心的設計，需預想未來數年甚至永久使用時，空間的角色定位。
2《華潤武漢啤酒博物館》承裝著啤酒廠跨世紀的年歲、經驗與知識。
3 以設計延續意涵，拆解啤酒製程的儀器和器皿，化為能獨立欣賞的藝術元件。

2

3

• 36°39'59.3"N
• 117°04'35.2"E

華潤 CBD 城市藝術展廳 濟南, 2018

CR LAND LANDMARK
MARKETING CENTER JINAN

感性需要的徐徐迂迴

參觀，如逛博物館般不疾不徐

此案不僅是水相初期設計售樓中心，也是首度處理尺度如此大的室內建築。當時多數售樓中心調性極華麗，用豐富材質搭配氣派樓梯的手法，琳瑯滿目地強調設計。我很想打破這種模式，建構多一些停頓點使人駐足欣賞建築，而非急促地塞滿資訊。

這種感受空間的情懷讓我想起在紐約參觀古根漢美術館的經驗，Frank Lloyd Wright 替它設計那道沿著建築而上的坡道令人難忘，不費力地盤旋爬升過程，可以不疾不徐觀察、享受建築力道，正是我希望藉此案傳遞的體驗。

從不同角度、高度觀看建築

入口貫穿三層樓面的旋轉斜坡，改變了「連結樓面得用階梯」、「從 A 到 B 點要愈方便愈好」的思維，我們將行走變成體驗這座建築的主軸，設計是爲了幫助觀者打開感受空間的注意力，藉由空間造型融合物質和精神兩個世界。

從營銷層面上，沙盤置於迴旋斜坡中心使參觀者能 360 度環繞欣賞，同時感受光影與空間這個觀點來說服業主。而在結構面的討論，起初執行單位認爲挑空坡道下必須以多根立柱支撐，但如此將破壞室內的純淨，後來加入結構技師討論，最終利用側面結構撐起包覆，輔助天花板懸掛特定支點，如此終於推動打開樓板的想法。

這道總長 50 米的斜坡提供觀者從不同角度、高度觀看建築，有機線條也開啓一個漣漪，周圍立面自然隨之擴散成弧線有機曲面，延續流暢無斷面的邏輯，館內牆體和動線都由看似不經意彎曲、卻簡約俐落的線條及曲面構築，彷佛泉窟內的暗湧和洞穴串聯一體，恰巧呼應泉城以水育景的城市脈絡。

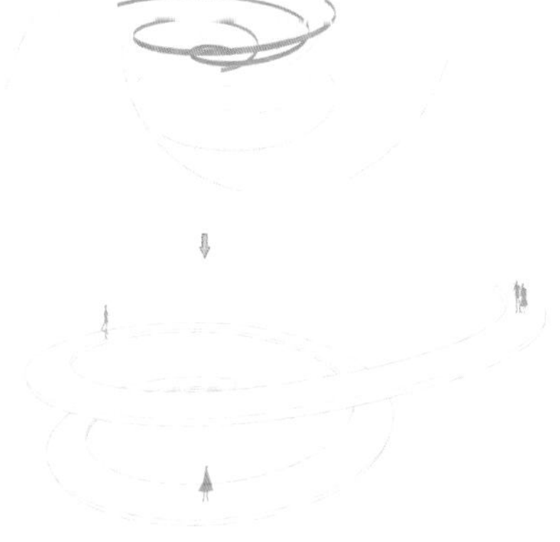

一座無設計死角的巨型雕塑

由於造型和平面配置並非一個個獨立操作房間的思維，當大略分配空間區塊後，便直接用 3D 模擬架構，掌握每個角度、每段坡道高度的空間感，確保沒有任何設計死角。爲了延續室內建築曲面流暢，避免太多開口造成斷裂，我們不直接在牆面開門，而以弧牆兩端拉出前後錯位，形成切在側邊的入口。我感覺像在捏塑一座巨大雕塑，讓空間造型與動線充滿手感地如水流動。

因爲刻意錯疊立面形成幾個曲折走道，路徑有了明顯的明暗、開闊狹窄對比性，甚至有些光源會從牆面錯位的隙縫滲出。在狹長彎曲的走道利用盡頭光線或低度帶狀照明，引人向前的期待氛圍，就像你在洞窟內會循光線前進那般自然。這些照明思維是顛覆過往慣性，放掉要明亮易見的堅持，僅用點到爲止的人工光源，讓陽光在特定區域發揮最大戲劇效果，也讓自然光明暗變化成爲室內感受光的依據。

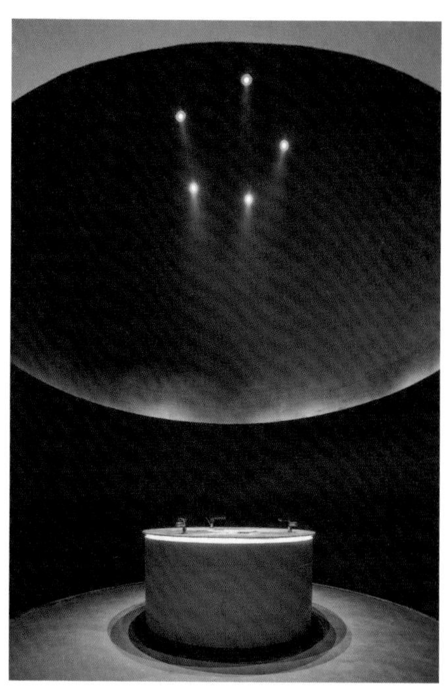

必要的留白，成就簡潔有力的故事

葛祝緯——傳統售樓處習慣以刺激性的視覺經營空間，當我們定調讓參觀者體驗空間，而非強塞商業資訊時，動線、建築架構就成爲重要的突破點。「天梯」成爲主架構時，幾乎拆光所有樓板、釋放出空間尺度，我認爲適當浪費空間是必要的，如果僅是爲坪效要規劃樓梯下方的收納與陳列，就會破壞珍貴的建築能量。當人感受到張力、光線的隱性力量時，我認爲單純的兩三種材質就能講述故事了，不用添加過多軟裝去支撐空間氣勢。

• 35°53'04.7"N
• 120°05'11.8"E

華潤靈山灣悅府 青島，2020

CR LAND INMOST PALACE
QINGDAO

建築的
潮與隙

延伸入建築的潮與隙

青島，由海洋帶來豐沛異國文化的城市，加上租界歷史，中西交融的影子從建築滲入生活。本案基地正處青島海濱，我們希望在文化、海陸交界處透過建築表述潮起潮落的自然壯闊，延續海景成空間輪廓與意境。

除了帶狀開窗引入開闊海景，建築手法上透過立面曲度塑造流暢、壓縮釋放的空間效果，如同海浪層層激盪，形態輕盈但氣勢磅礡的印象。屬結構機能的樑柱、隔間開口盡藏於曲面後，讓出公共區域的完整感，藉牆面交掩讓路徑開口於側，於是入內所見挑高開放區域盡是乾淨延伸的立面，搭配水平方向悠長延展的手工漆紋，水的意象向四面八方流動。靈活彎折、錯位的立面關係，讓我們在室內創造層層廊道及開口，像岩洞縫隙，第一層帶狀開窗引入的光線也得以更多形狀、向度深入室內建築各處。

戲台之幕，創造台前台後觀看趣味

青島貿易繁忙，加上租界帶入西洋文化的背景，各式各樣戲劇、戲院在城市蓬勃發展，我們也想將此記憶帶入設計。幾道垂切的立面保有水平方向延展的曲度，但邊際微翹，那畫面如從前戲台開演前緩緩掀起的布幕一角，引人翹首盼望，「牆的另一側有什麼？」、「走道盡頭那隙縫能看見什麼？」建構能引發這般好奇的室內建築。

浪濤間，光的各種表情

例如一、二樓室內梯，阻絕兩側開口並拉高立面尺度，塑造光潔但狹窄的空間段落，僅上方天井帶入少量自然光，兩相對比，放大了行經此處沐浴於天光下的珍貴及沉靜。

設計好的路徑佈局、開口尺度，讓無色無形的光線自隙縫閃現，或緩緩隱沒於路的盡頭，甚至隨著一日將盡，可以看見日光在無華的牆上轉換色溫；或抬頭仰望天窗，感受蒼穹之遙對比個人渺小，藉著建築之形烘托光的形貌遠近。

內斂而細緻的微光，日落才上場

由於日光與立面的共鳴、進退形成室內視覺主軸，人工照明就退至更內斂的層次，在樓板、立面的罅隙川流，如海潮安靜卻深邃。隨著量體強弱漸進，它們不搶自然光彩，卻使巨大蜿蜒的牆轉爲輕盈，當窗外暮光漸弱，藏得細緻的燈光這才上場，賦予室內另一番神秘低迴的魅力。

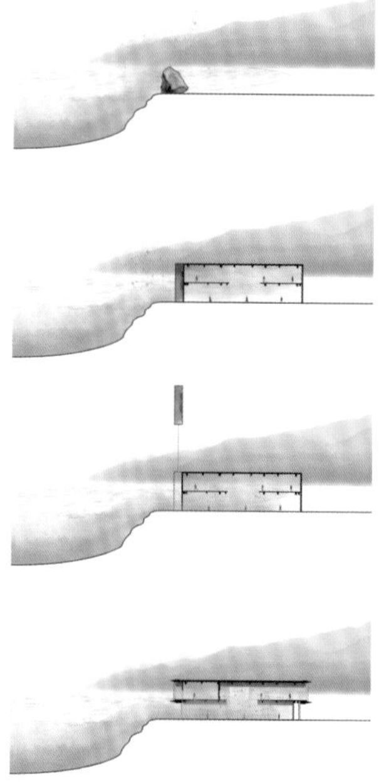

從審美融合中西輪廓

李智翔——我們希望以更抽象的建築語彙，表述青島東西合壁的城市過往，而不僅是復刻舊時代建物輪廓，轉化過的手法例如應用歐風的水磨石、水平方向刷塗手工漆及流暢牆面，代表西方當代審美；而色澤偏紅的實木、由格柵結構演繹直紋鋪排的肌理，甚至以虛表實的詩學意境，均來自中式美學和哲思。兩股不同脈絡，藉著材質和線條彙整成和諧且具整體感的新氛圍。

•22°32'33.2"N
•114°07'42.3"E

陽光城天悅售樓處 深圳，2018

YANGO SKY
MARKETING CENTER SHENZHEN

梯階穿鑿，看見未竟風景

入口，創造吊人胃口的開場白

設計策略有時如說話的藝術，得視情況簡潔扼要或娓娓道來，例如多數情況下採光愈多愈好，但在此案，我卻想豎起一道道牆改變建築通透的採光條件。

基地不似深圳其他新興區域蓬勃林立新大樓，羅湖區是相對年長的舊街廓，售樓中心的建築體以三面玻璃帷幕塑造外觀，它能帶入直接均質的光，卻也使人一眼看透室內佈局。在快速代謝、新舊雜陳的城市情境中，我更希望圈圍出自成一格的天地，形成美術館般超然氣質，因不同於日常而令人嚮往。

以牆改變陽光的方向

一樓有落地窗環繞但室內面積不足，很難創造層次而強化感受張力。因此我將重點放在入口體驗，兩道弧形如雕塑交掩成迂迴路徑，刻意拉長 「入室」 動線使其像山壁隙縫，轉變方向即控制使用者視角，少量採光改由立面上緣射入，也讓門後即將展開的環境脫開戶外街景，透過 「實與重」 的角隅量體來平衡玻璃帷幕外牆整體的 「透與輕」 。

室內除了原有建築支撐結構，我創造更多垂直水平牆體交錯，在不同向度開窗框，又搭接像橋、像展台的階梯穿梭其間，藉著剖開制式立面的門框、窗體、階梯結構，不著痕跡卻帶節奏地牽引觀者駐足，不僅實牆與虛牆（玻璃帷幕）構築律動關係，也藉此切散、轉變日光路徑。照明更是凸顯立面的份量及鑿穿／銜接空間的力道，甚至是兩扇窗相疊的開口後端有什麼？都由層疊光影扮演引導線索。

階梯豐富了觀賞建築的面向

串連，是藝術載體另一重要的空間體驗，階梯在這垂直移動的空間結構裡，就不是作爲單一串連上下樓面的功能，我們更希望賦予它的意義是一座可觀賞、行走、穿越的巨型雕塑，亦是豐富建築面向的導覽者。設計階梯多向度穿梭於水平、垂直區塊，拾級而上，步伐會移轉觀看角度，彷彿怎麼看、怎麼走都有其路徑，轉角踏階、天橋和刻意探出的平台，形成飄浮空中的觀看頓點。它們在室內形成觀看的段落，一般我們不可企及的視角，由這些階梯領著看見了，甚至成了建築風景的一部分。

我們藉階梯打散了室內立面關係又重新串連，經由流動與停駐，觀看與被看，境內與境外中多重觀點反覆驗證的行爲，空間尺度張力因而更覺立體，實踐了室內建築無畫面死角的特點。

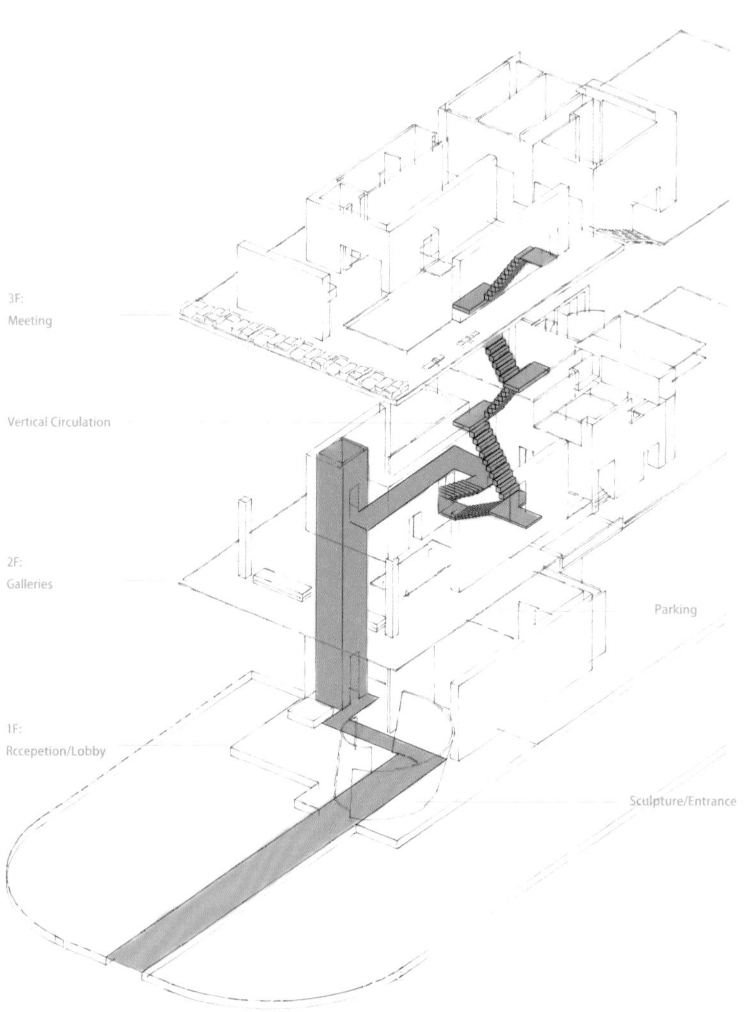
3F:
Meeting
Vertical Circulation
2F:
Galleries
Parking
1F:
Rccepetion/Lobby
Sculpture/Entrance

用光雕刻牆面節奏

李智翔——當牆是白色而沒有任何華麗面料時，是表現光影最佳背景，換句話說，必須安排好光線凸顯立面，包括自然光、人造光，用光來雕刻出牆的進退面節奏。此案可惜之處是人造光太多，部分牆體的線性燈和點狀光源都朝同個方向打，若要改善應減少照明數量，例如一個立面或一個區域，規劃一項重點光源即可，避免太多角度顯得凌亂而失去氣氛。

• 24°08'25.1"N
• 120°39'26.5"E

時年 台中 , 2019

FLOW OF TIME
TAICHUNG

時間是悠長的
實驗參數

大空間，一樣得 「捨得」 的事

一般住宅設計可能面臨 30 坪空間如何安排兩房的問題，此案卻是室內 130 坪只需兩間臥室，環境條件寬裕有利於發揮創意，於是一開始我們和業主都想放入尋常住宅難實踐的元素，茶室、書房、小起居室，想藉此豐富平面使空間不顯得空曠清稀。

但隨著設計期慢慢延長成三年，我開始有不同想法。

首先是放掉一些堅持，例如不定義需求該在哪個空間進行，生活本就充滿彈性，今天適合處理公事的桌子，也許明日的心情想在那裡泡茶，閱讀也不限於書房。當彈性留給屋主，設計可做的是建構大坪數適宜尺度，像是必要的立面、廊道寬度；或者鋪陳讓人感受意境而非一目瞭然的轉折，如玄關利用格柵和多路徑的轉景，先壓縮後釋放、半隱半現含蓄層次。

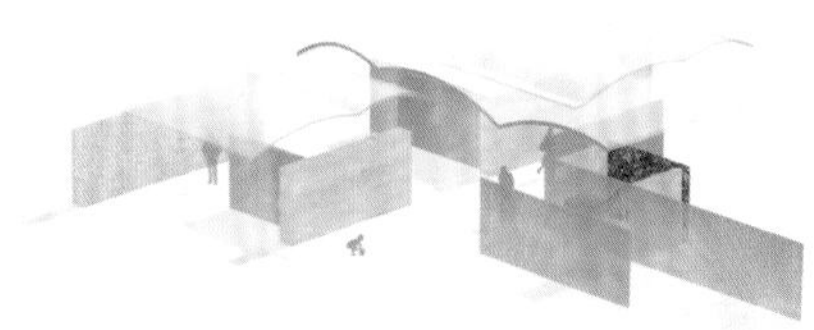

「時年」 是不同時期的意識

記得過程中業主曾說：「我很好奇這個家在十年之後的樣子。」我們想的不是如何讓完工畫面看來最精準完美，而是現在的思維美感有無足夠彈性，包容空間在未來十年的緩變。

光在設計過程就遇上各種的「變」：加入新素材（例如水磨石）、抽掉一些固定造型（例如書架）、傾向業主喜好一些、再轉化一點契合水相的審美。對住宅空間而言「時年」是揉雜、拉鋸不同時期的意識而成，只有使用者才能領略意涵的場域。

例如地板材換過許多方案，從一開始定調要黑色而選過大理石、實木染色等，後來業主想起童年居所的水磨石，很想加入這令他懷念的素材，碰巧遇上廠商引進義大利水磨石有合適色調，而它隨著日用改變色澤的特色也影響我們挑選實木、洞石這類隨時間變化之物，逐漸成就場域那股包容氣質。

不必然追求最完美 「那一刻」

後來我偶爾會想，如果這案子不是歷時這麼長，等到一些最初還未遇見的材質；如果沒有業主提出想加入的個人回憶，這空間的模樣也許和現在完全不同，但不見得比現在更適合。整座空間可說是反覆思考辯證、充滿選擇時序的複合體，經歷十年的「時年」 揉入各種思路，包括十年前和十年後我們對生活的看法。

以前我總認爲在設計階段完成各方面比例精準是首要目標，但慢慢發覺處理住宅空間時可以讓出更多空白。例如我自己家是完成裝潢幾年後仍持續演進，這邊換家具、那邊換動線，有面留白的牆擺過家具、掛過畫，近期才等到造型合適的 Cassina 書架進駐。當書籍上架時空間氣質這才出現，因爲那是生活眞實的痕跡。

時光會沖刷改變的不是樑柱造型，是家具位置、藝術品或書籍更迭，那才是生活依附的精神和價值觀透過線條表現設計力道固然精彩，但預留彈性讓生活有餘裕去累加意義，那狀態是另一種層次的美，那樣的故事能延續得更遠。

改不了材質就改變形式

郭瑞文———業主對材質、家具五金皆有想法，想辦法將其融入設計也是在訓練思考的彈性。例如業主兒子曾在美國東岸唸書，很懷念那段時光常見建築元素——紅磚，希望次臥更陽剛並應用到磚塊。第一時間我們認爲紅磚並不適合整體調性，那就要再想：有其他呈現手法嗎？後來找到彰化一間磚窯場，訂製尺度很薄的紅磚，讓疊砌線條變得細膩簡約，適當融入周邊氣氛。

- 25°06'11.5"N
- 121°33'12.9"E

自由平面 台北 , 2013

LE PLAN LIBRE
TAIPEI

自由平面的帶狀風景

只需鋼骨與玻璃的現代主義建築

本案爲複層住宅，除了一、二樓起居環境還有地下空間、樓頂及屋前花園。作爲一間度假別墅，當業主尋求我們協助翻新 30 年屋況時，希望能實現個人理型的 Men's cave，冷靜理性的德式建築更是他追求的氣質。

我直覺判斷必須改變建築框架來創造流動串連的環境，改造過程幾乎砍掉重練僅剩廊柱結構體，待補強後於基座上設計現代主義的空間關係。

框架結構和玻璃界定空間

根據建築大師 Ludwig Mies van der Rohe 的觀點 Less is more，利用 「框架結構」 和 「玻璃」界定空間，以上下兩道長約 15 米的水平帶狀開窗，宣告現代主義建築的精神：平面自由、空間流動。

我試著在此案建構水平垂直正立面延伸的乾淨線條，盡可能拉齊室內天花板高度，甚至與建築外殼量體齊平；地面高度不僅水平一致，屋內外選用一樣的地材，加上消弭室外隔閡的帶狀落地窗，形成冷冽無贅的乾淨平面。無論從哪個角度望去，室內室外僅 是前後景之差，人對環境的感受是流暢自由的。

自由平面與流動空間

爲強化採光和空間流動感，我在客廳前半部創造 4×4 米開口的天井，許多垂直線條合宜地向上延展，串起上下層動線。二樓延續自由平面的水平美感，天井四周立面、櫃體甚至房門均純淨整合成同一平面及線條關係，二樓環繞著開口的回字動線，依序是開放式書房、兩間小孩房與娛樂室，同樣奉行建構準則：自由平面與流動空間。

至於舊建築存留的柱體不刻意隱藏於牆體中，使承重柱與牆分離，部分後方廊柱在不同面向以大理石或不鏽鋼包覆，使立面望去與環境色相近而削弱存在感。

建築即是裝置藝術

李智翔——以現代主義典範架構結構邏輯，我也利用材質創造向藝術致敬的語彙。例如迎著大門的露台以鏡面不鏽鋼反射週遭景觀，靈感來自 Anish Kapoor 鏡中觀象、以虛空表達真實的創作概念，同時也能消減露台這塊外凸量體的突兀感；採光有限的車庫，以黑色媒材來實驗畫家 Pierre Soulages 想表達的光線性；屋頂用傾倒的白色牛奶盒（烤肉區水槽功能）、灑出圓形草皮的趣味圖像關係，於意想不到的位置留個藝術伏筆。

一部分經驗、一部分想像和起承轉合，
故事製造懸念，療癒情感，
在平凡無奇裡擦出一道亮燦生活的光。

敘・續

Narrative & Neutral

《0728》 盧振宇、胡育瑄

故事，
值得一探究竟的
起承轉合

#WFscript #narrative #cityculture
#lightandshadow

1

2

敘事簡單說來是對故事的描述，而說故事的技巧，我多半從電影學的，如最欣賞的導演 Quentin Tarantino 擅長諷刺題材及暴力美學，像《黑色追緝令》、《惡棍特工》將非線性、多線敘事技巧用得令人著迷。我就想：看似各自發展的劇情在意想不到處聚合，醞釀許久只爲揭曉那刻的震撼，那設計空間能不能也這樣講故事？

與其以機能導向解決問題形式，我們更偏好以故事打底、與外在環境建立關係發展脈絡，但故事從何而來呢？

有時是一本書、一首詩或一杯茶的意境開始朦朧的情節，例如我們曾引《湖濱散記》梭羅描述的心境，找到住宅案《簡畫》回歸單純的生活意圖；從碳黑色聯想「春泥濕潤、萬物滋長」的春天氣味，延伸出《juliArt》詮釋自然循環的設計脈絡；因茶文化深入閩南生活，故《中南九錦台售樓處》入口讓茶亭「以茶代友」開啓追溯文化的秘境。

天津城市文化裡的「橋」，在《綠洲演算法》轉化為銜接數位螢幕虛構與真實的過道。1

網格狀隔板及透光效果演繹科技時代切割、符號化的數碼景象。2

重複出現的格線關係強化數位網格的冷冽、現代感。3

3

深入城市背景，尋找故事起點

位於柳州的《華潤靜蘭灣美學館》從群峰相連的地緣景觀著手，張潮《幽夢影》文集中曾這樣描述：「有地上之山水，有畫上之山水，有夢中之山水，有胸中之山水。」點出文人看山水的層次及氣韻，於是我們想：假如建築是文本，會如何表述山水？登山的意境能不能轉注爲室內結構、動線、視角語言？

有時更深入研究城市脈絡、氣質，尋找可供概念發想的線索，例如北京《華潤北京幸福里》空間的軸線、選材、光影佈局是從「中庸」的文人精神及紫禁城畫面故事而來；濟南以泉聞名，夜深人靜能聽聞街道石板下流水淙淙、清晨水霧泛在路面，是江南古城獨有的視覺聽覺，成爲《華潤 CBD 城市藝術展廳》曲面構想起點。武漢里份互動風景、青島租界時期帶入德國劇曲文化、福州竹工藝歷史等，濃縮象徵當地孕育出的文化光彩，化爲新建築的基因，讓設計選擇有所依循，使故事有所言、有所不言。

1 山水互映的情致，推動對空間端景及選材的想像。
2 一處不為別的，只為等冬季降雪之景的過道。

1

2

框景，路徑上的情節伏筆

設計平面時，我常想好幾個重要軸線看出去的畫面，觀景窗裡不僅要完成構圖美學，還得向周圍延伸構思劇本：在什麼情節下展開這一幕？假如眞實生活是不停移動的視角，那從遠至近，這個端景能帶給使用者感受變化嗎？

例如《水相事務所》窄化了門框尺度不僅爲了配合洞穴情境，另一層考量是：要留多少暗示給觀者？透過這開口要揭露多少另一側空間？若門框太寬也許會破壞伏筆；同樣邏輯，問診與泡茶區刻意藏在狹窄弧形路徑後，也是爲了控制視線含蓄地進入下段情節。

無論門窗或一段長廊盡頭，框是隱性但強烈的視覺語言，在古代園林造景已是重要手法，它代表設計者想過濾的雜訊、標記的情節重點。有的框景爲了觀賞，像《陽光城天悅售樓處》打破樓層、立面疆界的窗及橫亙的階梯。空間裡的框，有時也是連結此時與過往的那扇門，讓情境跨越時間之流。紫禁城宮牆與門構築的森嚴神秘，進入《華潤北京幸福里》廊道的框景裡有塊區域自主動線岔出，兩側白牆、除一張長凳外什麼都沒有，但在這框裡讓人有機會坐下與天地獨處，假如遇上北京降雪，眼前色塊將誕生另番風景。

1

2

3

正立面構圖不同向度路徑與開口，讓平凡走動成了精緻走位。1
刻意凸顯的框景，強化了內外劇情的畫面關係。2
正中央的框創造了一進一進間的對稱與景深。3

1 巷弄被打散、翻轉成立體交織的網絡，使人拾級而上、在平台廊道漫步尋找下一段橋樑。
2《華潤靜蘭灣美學館》 透過之字形迴游動線，再現山中漫遊姿態。
3《華潤鄭州新時代廣場售樓處》如舞台布幕掀起一角的曲面造型，人影穿梭更具風味。

2

3

走位，有角色才完整的劇情

在導演 Wes Anderson 電影如《法蘭西特派週報》，可見他運鏡手法的破格，以超扁平像早期電玩的框景，創造對稱靜止的畫面，角色隨劇情進入場景再走位出鏡。對應到空間可以想成：構圖在固定視角才成立（通常是正立面），使用者必須進入框景、開啓儀式才能推動情境產生意義。換句話說，氛圍必須由行爲改變，角色的參與在空間中更形重要。

《客從何處來》將沉浸式劇場帶入故事主軸，發展一幕幕框景，等待人影穿梭、用餐行爲完整表演。《水相事務所》將場景定位爲藝術展覽，每個區域是靜止的故事背景，待人們行走、使用、觀看攪動氛圍，如同劇情在角色上台後才聚焦發光。又如《華潤鄭州新時代廣場售樓處》一案利用鄭州豫劇爲舞台，曲面牆體是掀開一角的布幕，二樓框景如舞台邊包廂開口，人影穿梭、場景頓生台前幕後之感，建築透過畫面與從前戲台文化相疊。

《ANEST Collective》則用「城市廣場、階梯」貫穿故事的語彙，將人們旅行或透過媒體認識過的眞實，轉化成佈景裡的線索。一段段階梯構築敘事舞台，雖是眞人無法踏入的尺度，卻引人發揮想像力去共鳴　座歐洲城市，以此豐富觀者感受空間的維度。

1

2

儀式，一切轉折盡在不言中

儀式是另一強化情節張力的敘事技巧，讓觀者進入故事沉浸爲角色、賦予情節意義，繼而對空間產生價值共鳴。

唸書時曾造訪斯德哥爾摩知名森林墓園 Skogskyrkogården，當時教授在教堂內簡單講解人們來此憑弔禱告的葬禮儀式後，直接打開講臺後方大門，讓我們依方才描述情境走向戶外。當眼前迎來開闊草地、緩坡盡頭是朗朗晴空，對比室內沉靜肅穆，大自然直觀帶來的生命力與安慰在此時勝過千言萬語，也使設計意境盡在不言中。

當人成爲情節的一份子，創作者就不必刻意或嘮叨地提醒設計意圖，透過空間節奏和儀式行爲讓觀者直接體驗情緒，反而有耐人尋味的渲染力。

近期規劃一間宜蘭民宿，思考樓頂用途時有很多選項：蓋成運動場？當露天餐廳或 bar ？那桌椅怎麼排列才有型、不浪費坪效？若朝這方向回應需求，不自覺將把設計導向解決形式的層面。後來我想既然宜蘭多雨，不一定得對抗環境，不如將氣候環境的不確定因子轉爲價值，在屋頂打造一條蜿蜒雨廊，旅人可以一路緩步至定點、在雨中看海享受幽靜。創造儀式、節奏將日常有點惱人的情境說成動人畫面。

《水相事務所》如藝廊的佈局，替 SPA 過程的移動增添感受價值。1

窄化的通道及盡頭對比色，做出引人探尋的節奏。2

1

2

1 特別的光源路徑，讓人想繞到後方一探究竟。
2 在靜定的畫布上，光影是靈動、無可規範的延伸情節。
3 控制光的向度、範圍，素靜的空間就浮現不同濃淡的佈局。

3

光線，縮放五感情緒的隱性要素

電影裡場景、角色、節奏推動情節發展都只爲了一個理由：觸發情感。快樂期待、平靜安定、深陷回憶、好奇疑惑，空間語言同樣能在故事裡表達情緒，利用結構先抑後揚予人起伏與驚奇，控制光線讓人好奇畫面另一端的情節。

《中南九錦台售樓處》 以小巧茶屋爲入口，訪客由此向地下室行進、穿越狹窄通道，不知將踏入什麼場景而放大五感，當盡頭出現日光，眼前天地與世隔絕的恍惚將加深場域幽靜印象。所以不必特殊建材去堆疊空間特殊性，它的獨特在於動線節奏能鋪陳的脫俗感。

爲什麼整個地下場域選擇米色材質？當然也可以用黑色去強化空間壓縮、神秘效果，但在這劇本中，光線是引導情緒的主要語言，若材質顏色有轉折變化將干擾動線及光的縮放變化。因此即便材料也能發揮情緒張力，我們仍選擇延續場景淡色調一致性。

另個邏輯相反的案例是 《墨片》，如黑白底片的住宅去除五顏六色的干擾，使用者能以全新觀點看待起居中熟悉物體，專注於光影的輪廓佈局，說明深色調同樣能敘述光的節奏層次。

材質計畫，拿捏比鋪張還難

除了結構及光線能編排節奏起伏，材質與色彩比重也能啓發觀者聯想，讓設計線索在某些預定好的段落再次強化中心精神。在《遠洋長江樽國際無界藝術館》案中，想以材質呼應武漢「里份」建築脈絡而選了片瓦，但我們在外側大尺度立面貼水霧、淡色面材，待牆面轉至內層才出現片瓦，原因也是主軸線上「廣場」概念需要表現量體堆疊的輪廓，形體已架構強烈印象、材質就該淡化；細節豐富的片瓦藏在空間段落裡，點到即止。

要鋪張一個空間很容易，控制拿捏反而需要經驗。控制情緒在規劃空間語言時是重要的邏輯，得先想像要凝聚的情緒，再去評估如何控制光線、材質等條件，先後次序強弱輕重爲何？才能配合情節強化情緒效果。

《萬科金域國際美學館》的業主找來佈置的軟裝團隊，想在室內階梯展示福州舊時文物呼應歷史脈絡，但這麼狹小的過道空間沒有停下細讀的餘裕，要解釋的行爲太多了。於是我們建議用空間主題的深紅色統一覆蓋展品，一整個年代、記憶全數濃縮在一抹色彩裡。以強烈顏色在短暫、急促如蒙太奇的情節裡化約旁枝末節，勾起審美張力，但僅限於這方天地，剩下的各自解讀、各有滋味。

以敘事建構的空間不僅有設計者預藏的故事脈絡，也會透過多樣路徑、欣賞面向，讓觀者自由在環境裡揀選情節，組織有所共鳴的體驗，生成新的故事。設計師想傳達的細節，使用者不一定全能覺察；使用者在空間領略的情感，設計師卻也不一定有機會遇見。唯一可以確定是只要有故事，終究能在未來延續。

1

2

3

延續在地竹工藝品，重組比例與配色作為空間立面線索。1
將里份的磚瓦置入室內建築，埋藏老里鄉間的過往情懷。2
《萬科金域國際美學館》以舊物呈現在地文化脈絡，仍可有當代美感的編排。3

•24°34'00.4"N
•118°15'10.1"E

中南九錦台售樓處 廈門 ,2019

ZOINA MANSION
SALES CENTER XIAMEN

故事曲折
替代了造型的偉大

安靜在湖泊下的樹

最初平面階段，我們畫了一顆大圓球、中央有棵樹，故事就從這圓形開始擴展。

此案近 3/4 基地在地景下，引光引景成爲首要克服的問題，業主找我們洽談前想在地面打造巨大量體，用一座華麗階梯下切至地底來破題。但我們認爲低於地表的建築有種消逝、隱性而弱化的氣質，以詩性情節勾勒人們對空間的想像似乎更合宜，恰如 《桃花源記》 描述漁人緣溪而行，意外發現秘境時豁然開朗之感。

沏一壺茶當引子

由於售樓中心日後將供在地社區永續使用，我們從一樓入口建立串連在地記憶的地景。昔日村鎮生活總以老樹爲集會核心，鏈結人們交換日常資訊與情感，生活大小事向樹下靠攏是習慣也是集體記憶。而茶，又是老廈門文化精髓，烹水泡茶、以茶待友是儀式更是極其熟悉的生活環節，我們在地面一角規劃簡潔茶亭，室內一只長桌沏茶迎賓。基地由透明建築望入只見安靜茶席別無其他，對內部的好奇，必須親自踏入一探究竟。

茶席旁地面有處開口，階梯通往湖泊下方洞穴，循此步入地下、通過一段幽暗隧道，藉由光源先抑後揚的節奏，當視線開展，人已身處世外桃源。首先迎來圓形天井中央栽著一棵樹，是過往共擁的生活片段：在樹下乘涼、與朋友攀爬嬉戲，鄰里間圍繞在此，空間與光線的豁然開朗，也是闖入回憶的情緒轉折。

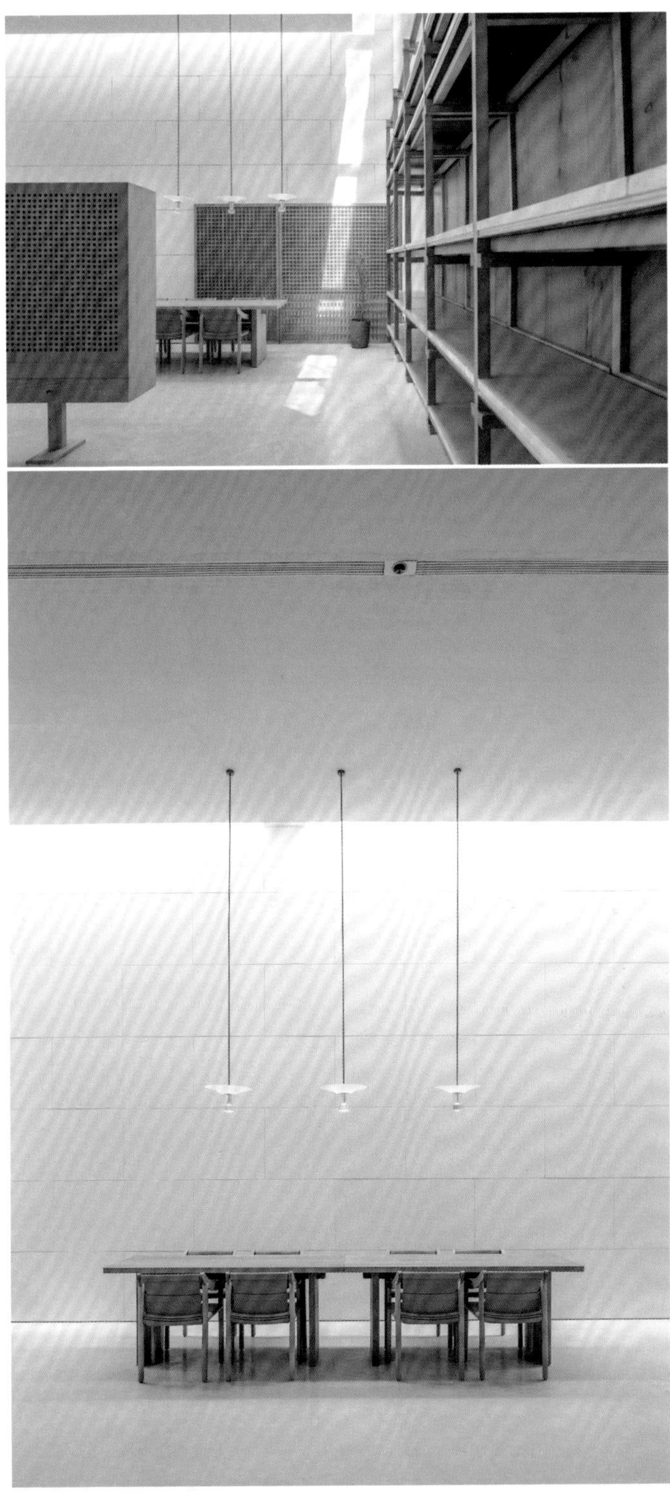

避免複雜造型破壞光影的情節

當畫面形成，建築不需做什麼大張旗鼓的事，透過「樹下生活」的故事底色讓光線自然深入地底，空氣流動、環境寧靜，剩下的就是避免複雜的動作破壞享受光影的單純與和諧。在這個案子中，我們試著弱化設計師難免想展現的自我特質，用最簡單的材質色彩迎襯天井與四周天窗帶入的柔和日光。

曾經業主考量中庭這段戶外動線易受天候影響，建議加蓋透明屋頂或延長雨遮範圍，不過我們堅守原初畫面——陽光和雨水均能灑落樹下。即便雨時行經有些不便，但隱身在此、靜靜看雨阻隔車馬喧囂，那般避世情境我想值得一點點曲折。

空間裡的實木與銅器，都是能自然與時間空間融合變化之物，我們還刻意手染銅面呈現染劑在表面反應的不可控制性，待氧化到想要的色澤後才上保護漆。如同自然光，它們都是劇情中無法精準控制的因子，但漸變就是時間的本質，必須一訪再訪，直到成爲故事的一環。

透過故事復刻回憶剎那

李智翔———規劃案子期間，基地附近眞有未轉型的村莊，也眞有棵榕樹在村口，當地人在樹下談天時，就有雞在旁邊跑。看到那一幕時，我感覺瞬間被推回小時候回外婆家的場景與時間軸，當畫面與劇情契合了，情感自然會投射。那時生活中沒有太多矯飾雕刻的物件，眞希望那質樸的光影可以在此重現。

3C 問世以前的童玩

葛祝緯———售樓中心常要求規劃遊戲區，免不了因色彩繽紛、玩具造型干擾整體調性。此案因爲故事情境發展出淺色溫暖的簡單背景，沒有硬性隔間，我們也試著提出「遊戲不一定需要玩具」的概念，利用「可以玩」的家具，讓孩子用自己的方法去玩；小木塞可以塞進櫃門嵌洞拼圖案，或利用木造機關兩邊推拉遊戲。摒除聲光效果、沒有規則，讓孩子隨心所欲運用肢體開發遊戲。

• 31°12'23.2"N
• 121°26'20.8"E

ANEST Collective 上海 , 2020

ANEST COLLECTIVE
SHANGHAI

一組階梯，一座古城轉角的縮影

藏進角落的微型巷弄

若說《華潤 CBD 城市藝術展廳》是首度執行大尺度的室內建築，那麼 ANEST Collective 建築摺痕這案子就是反向用極小尺度思考建築。

高端訂製服選物店 ANEST 品牌乃根基義大利工坊的敘事背景，業主是極富藝文品味的創業者，除了對服飾深具觀點，在他們歐洲工作室裡也收藏許多藝術品和生活物件。而工坊所在古老城市多保有歐洲常見街景——高低起伏的階梯與廣場，教堂、噴水池周圍常見石板階梯，依附這條故事線索，我們將階梯、廣場這些城市符號轉爲店面空間輪廓，像是藏進角落的微型巷弄。

廣場和階梯的室內建築

服裝其實是流動的建築，從最微小的紡紗結構乃至於陳列空間，當我們提出城市 「square」 概念時，希望將創意概念擴及城市地貌，令人仰望的建築群由大大小小的廣場和階梯串起，階間平台亦成隨興席地而坐的風景，遊歷任一人文古城，必得一階一階體驗歷史的立體細節。

我們將地景語彙轉化爲室內建築的剖面佈局，不僅刻意凸顯階梯輪廓，又將階面的切割比例壓縮或延伸成商品展台與家具櫃體，翻轉向度成爲門斗、牆的進退面甚至天花板的階面律動層次。將城市濃縮成室內線條造型，呈現的是一種基本卻不簡單的工藝氣質。

用一種比例，在其中尋求經典

受到業主訂製服風格、收藏品味的影響，這個案子有復古的語彙，例如戶外建築造型，或二樓業主希望置入的傳統壁爐造型，開始嘗試不同於以往的線條風格，以及構築空間更多元的方式，如何疊砌、同時維持簡約，如何將小小的轉折視爲城市地景，這是另一種層面的挑戰。

由於各部位與周圍立面關係牽涉整體視覺比例，因此我們得計算每處雕刻幾階、寬窄大小的尺度，務求讓整體產生光影層次、立體感。除了階梯造型，偶爾也利用脫縫手法讓櫃體與櫃體間懸出距離、彼此襯托比例，就像城市裡一幢幢建物各自獨立，又共同構築起伏律動的天際線。

在許多大理石檯面、層架邊際、樓梯底部或門框周圍加入階梯輪廓，遠看近似線板浮雕，其實更像雕刻手法從既有量體往內鑿，一刀一刀刻出轉折。爲了延伸階梯有各種尺度的豐富與一致性，我們還在一處挑空牆體間蓋座不能走的造型階梯，作爲業主能彈性運用的展示臺，對照另側眞正室內階梯別有辨別眞僞的趣味。

用一句話總結這案子：「我們嘗試用一種比例，在其中尋求經典。」

從設計到工藝境界

郭瑞文———除了以階梯豐富立面的雕琢度，我們原想在牆壁嘗試一些材質做法，例如找大片石板拼貼再打磨，呈現像磨石子紋路但格放成超大尺度的視覺效果，會比直接拼貼石材更有意思。如此模糊了材質原本形貌、創造整體全新氣質，會像從設計跨足到工藝的境界，也更契合品牌手工訂製精神。（可惜後來因預算與工期考量，改以漆面替代。）

室內建築裡節制的精緻

李智翔——此案和以往作品最大差別，過去用俐落直線與面建構的立面關係，這次因基地外觀是仿舊建築，內部商品又帶著歐洲經典審美，業主另有幾件設計家具和藝術品（如北非木雕）要放在店內呈現。有古典、有現代，有高端藝術也有樸拙民藝，因此在空間背景乾淨利落的基調之上，必須增加能反覆玩味觀賞的細節，才能反映整體「有節制的精緻」調性。

• 30°36'06.9"N
• 114°18'15.2"E

遠洋長江樽國際無界藝術館 武漢, 2021

YANGTZE OPUS WUHAN
ART MUSEUM WUHAN

垂直里份的
熙來攘往

未來城市的過往情懷

武漢里份，有點像我們說的眷村，早年它一區區劃分城市地盤，聚落居民有緊密的喧鬧和情份。但隨城市開發更新，舊時代里份所剩無幾，鄰里互借糖鹽、門前當客廳招呼談天的光景多半消逝。

當集合住宅變垂直大樓後，人與人的距離拉開了，我們就想：能不能編排新的聚落輪廓？垂直向上擴展空間，同時搭接如從前水平流動的緊密關係。以未來城市模型將傳統散落民宅疊成垂直村落，量體錯落間距形成廣場、巷弄，但垂直方向該如何疊串呢？

量體疊加，圍塑出里份廣場

起初想過在室內搭建整齊向上疊砌，形成屋中屋造型，但如此難以形塑過往里份「對望」的交錯關係，當互動被樓上、樓下切分、空間感將顯得侷限零碎。簡單來說，新造量體應該建構自然錯落的關係，同時帶出回家路上七彎八拐的巷弄，畢竟那也是里份回憶重要的環境元素。

後來發展出一個概念：將居民互動性強的「廣場」放在基地中央作長軸線，先拉長室內景深，像摩西劃分紅海那樣擘開兩側造型，接著各層以獨立長方體爲單位，兩三座、或三四座相疊，稍微錯開量體向度，如此各層有轉折錯落的動線，自然帶出對望、曲折、穿梭的豐富動態。租界時期摻入的拱頂、鐘樓、陽台等切片簡化爲幾何量體的進退面與開口，結構看似隨意搭接、創造不穩定的趣味性，卻也展出里份容納生活而不斷衍生、延伸的街景。

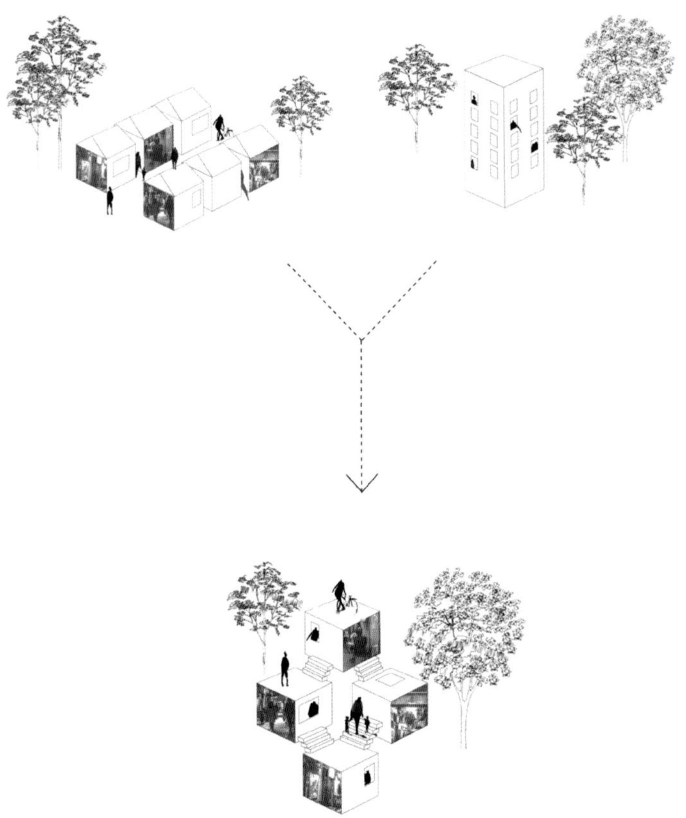

廊道和樓梯串接大街小巷

單單垂直化里份還不夠，「戲碼頭」亦爲深入武漢江河記憶的文化資產，於是利用廣場兩側量體拉開的眺望距離，在右側二樓留出大尺度空白牆面如螢幕，於對向設計緩梯如觀戲座位。想像傍晚人們走出家門相互招呼、三五成群來到戲台前找位子，那是數位還未使人人各盯手機的年代，透過空間得以重溫情懷並演化成新建築型態。

拆開又疊砌新局的建築裡，廊道和樓梯成爲串接大街小巷的新形式，藉由各樓層不同向度轉折，階梯有了眺望的看台、橫過量體的橋樑，使觀者重新感受不同高度的街坊形貌。中央廣場是舊時鄰里提供社區活動的彈性，是黏著人與空間關係的要素。

我們不找家具藝術品塞滿廣場，周邊燈具更設計街燈造型，烘托一樓屬於街景的流動感，讓它成爲室內建築的溝通介面。後來得知這廣場舉辦過時裝秀、開幕酒會、藝術展，現在正展著黑膠唱片……用途並非設定之初可預期，卻是使用者眞實應用空間的演化紀錄。

材質細節的歷史線索

李智翔———里份建築是很有趣的中西融合體：洋氣的露台欄杆、傳統的屋瓦廳堂，於是結構上重組里份垂直樣貌後，我們將材質線索藏在細微處。選擇色澤內斂的片瓦、垂直拼貼於內凹立面上，不干擾軸線上大尺度量體純淨的氣度，把歷史細細編入室內建築。

串連、停留、對望的故事軌跡

林其緯———在量體中挖、雕、穿出錯落層次而長出眼前造型，過程中最大的挑戰應該是樓梯，除了視覺效果還必須邏輯串連各種機能，不僅是樓梯數量、架接位置，也要不停檢視二樓廊道停留點、框景所見能否構成表情？兩側量體間那座連廊貫穿，使整體結構更如街景，天橋下有十字路口、路燈，人們穿梭等待，上下對望更豐富了空間各向度關係。

•24°19'14.1"N
•109°27'58.5"E

華潤靜蘭灣美學館 柳州 , 2022

JINGLAN BAY
ART MUSEUM LIUZHOU

穿梭建築，如登山修習

以建築爲筆墨，走入文人的山

獨特山峰地貌是人們對柳州第一印象，然建築成爲敘事工具將如何紀錄自然？若以地景作爲故事主軸，我們該盡可能引景入內，還是以造型裝飾仿擬山水？詮釋山水的有形無形，我認爲可以再後退一步，從古代文人詮釋山水的手法來思考，如何將自然意境深化爲精神層次。

我們提出將樓層、動線視爲登山的視野變化，建築量體是相連或層疊的山巒，當使用者在其間登高蜿蜒，如同身處水墨畫散點視角欣賞造型，藉由山「形」之境及山「行」之趣，建構山的文化意象、藝術符碼。

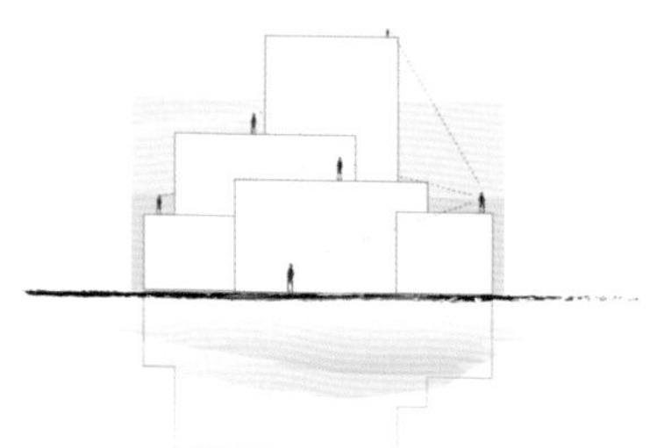

材質本色象徵水墨佈局

我們想像穿梭建築內部如登山的修習，是以踏入室內便成登山起點，黑色水磨石拋光的勻亮形如山前伏流，平靜深邃，入口巨石是臨江拔地而起的奇峰，立於其下將不自覺仰望。穿過壓縮如樹林交掩形成的隧道，再豁然開朗已身在群山之間，量體錯位相疊形成高聳或挑空的關係。登上階梯，在不同高度中緩緩可見山巒形貌之變，幾處階梯轉角如山徑上的看台，方便眺望或俯視山腳江河流過，景致隨時序、隨攀高位置漸變，依個人路徑融合成一幅視角豐沛的水墨印象。

我希望透過建築將單一視角的山形變得立體，不模擬具象山水，而是透過樓梯搭接位置、轉角平台、樓層錯位伸出空間，在結構間曲折、攀爬、仰望、俯視的多向觀點，甚至地坪反射倒影的虛實輪廓，再現人在山中漫遊的姿態經驗。

少中見多，虛中見實

登山實際體驗並非快速直切向上，所以樓梯得蜿蜒、多處停留，樓層中平面移動的廊道也隨量體斜切而呈 「之」 字路徑，那就是爬山的姿態，人在不停轉向間看見自然各種開闊或險峻，每抵一段高度，就有停頓點或框景讓人回顧自己更上一層樓。

利用室內建築，我們呈現人身處於山林的心境轉折，產生對自然的敬畏及原生之美的渴望，是以立面不僅挑選物料本色來表述故事調性，裝飾也以「物派」藝術爲精神主軸，強調未經加工的物質在場域自然發散藝術能量，使室內地景輪廓能延伸至哲學層次，豐富了 「橫看成嶺側成峰，遠近高低各不同」 的心靈感受。在風景與心境交替作用的過程中，好似可以再走高一些、走遠一點。

江水如墨

李智翔———地坪除了黑色考慮過其他選項嗎？我認爲要做到純淨、平靜如水墨的空間感只能用黑色，而且要折射倒影，大面積延伸出去容納室內外倒影和自然光，讓人找到內心寧靜。且黑色的反射效果最好、最顯深邃，使墨色像波光、倒映的光影如煙雲，一切都安靜流淌於山巒之間。

建構場域就是寫詩繪畫

葛祝緯——建構這場域就是寫詩繪畫，都是歌頌外在自然的方式。人們走這空間就像讀那首詩、看那幅畫，只是我們透過「建築」這項媒材去轉述風景。所以不需要具象造一座山或想辦法將山景拉入室內，而是轉化抽象、心靈層面的登山感受，創造能讓人想像的空間，將意想不到的訊息藏在裡頭，讓使用者自己尋找答案、自行解讀意義。

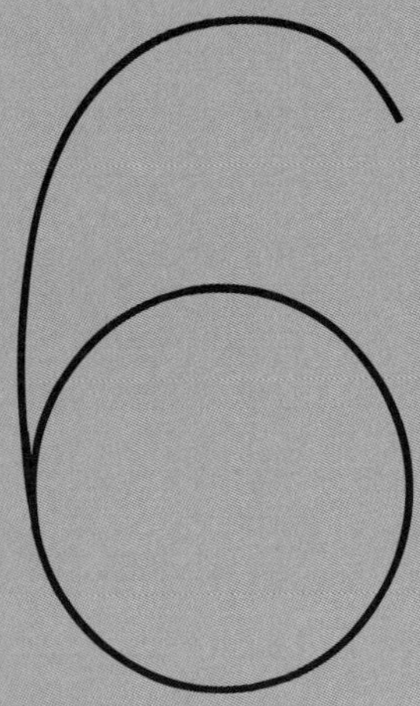

Talk & Therapeutic

聊・療

借用他者眼光，我們得以觀看另個象限的自己；
經由時間參與，場域將續存超越設計的關係。

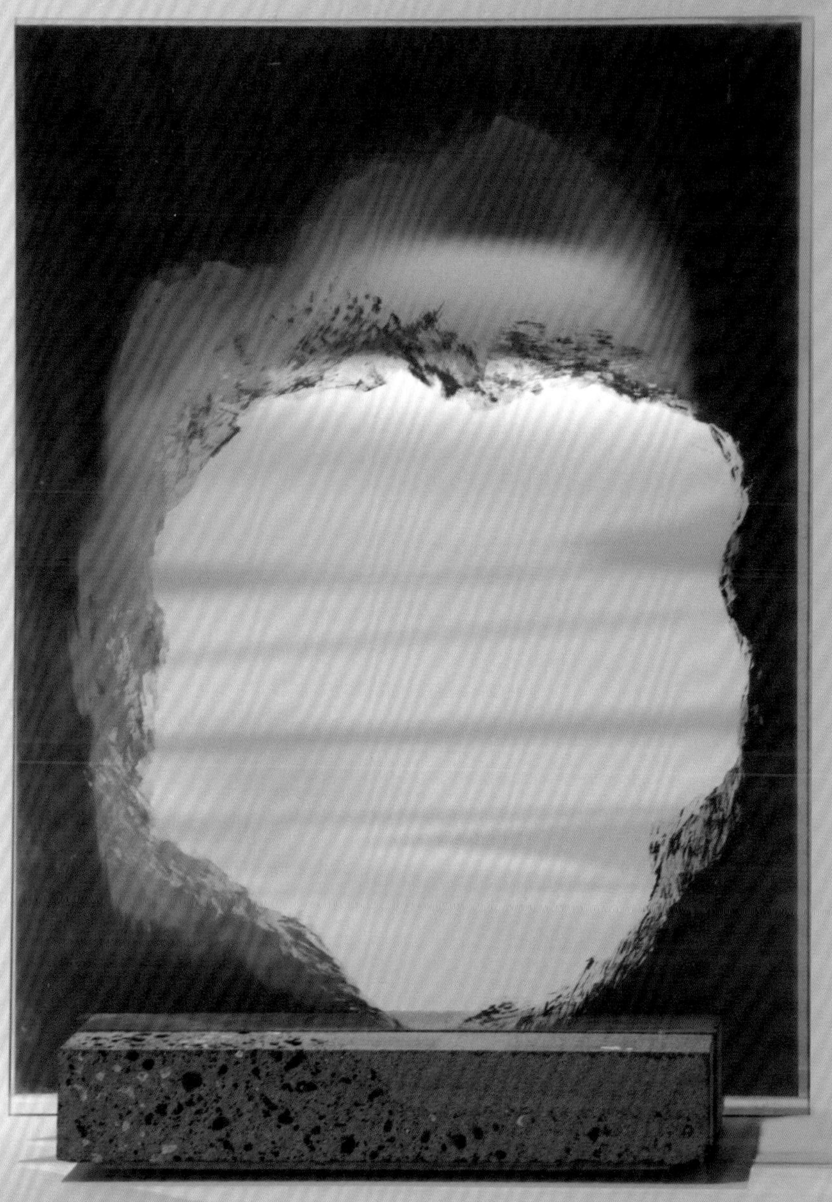

《重視 Regaze》 Richard Lin / Mileen Tsai

水相設計 × 本事設計

不迎合，是因為清楚本質與極限

洪和培

與本事設計的和培一直維持類似網友的關係，
透過網路交換心得、手上案子的現況，甚至會在旅行時安排探訪他的作品，
從和培幾場商空作品例如台南 OUTDOOR MAN、
台北詹記麻辣鍋、台中冉冉茶室，除了材質工法創新，
他最大特點是將營運模式想進設計裡，從改變行爲來擴充設計，
趁著這次對談想聊他怎麼和業主溝通、突破，聊聊我們心中關於設計的取捨。

顛覆商業模式就能顛覆設計

李智翔（以下簡稱 Nic）——設計究竟是成就商業模式還是創意？我認爲兩者是可以取得平衡的，尤其當業主願意成就案子成爲作品，我也期望藉此實踐一些創意計畫。

洪和培（以下簡稱和培）——是有機會雙贏的，設計的本質就是解決（業主的）問題，以商空爲例自然得控制成本、獲利，假如形式再帶來知名度成附加價值就更好了。這些都是我的考量點，在業主預算、時間內，材料和執行細節都符合標準。假如大家看到成果覺得很不錯，但執行超乎預期的時間成本，對我來說仍是不及格的案子。

Nic——某種程度上你也考慮了開店營運後的狀態。

和培——應該說我只能全面評估成本、預算、設計和營運需求，但透過設計得到更廣義的「獲利」例如名氣等，都是不可預期的。

Nic——但商業模式牽涉市場調查、行銷、經濟方面評估，設計公司可運用的知識和資源有限，你面對商空案會研究這麼深嗎？

和培——全面且完整的資料調查確實有難度，但可多從消費者的立場思考，找不一樣的品牌策略，我最怕去幫業主開間店，結果只是市場上多一家咖啡店，找不出差異性。以咖啡廳爲例不外乎吧檯、咖啡師、座位三大項，若圍繞這架構設計只有造型差異，和其他幾百家咖啡店沒有不同。所以會從本質面討論：吧檯可不可以不要？如果咖啡師也不用、可以做成街邊販賣機嗎？空間架構就可能從根本上改變，連帶改變賣咖啡的方式，品牌才可能轉型。

Nic——你在台南做的 OUTDOOR MAN 也是從根本推翻營銷模式，再思考空間造形對嗎？

和培——其實一開始因爲商品尺寸小、數量大，十萬件商品怎麼設計塞進空間都是擠，例如小北百貨。我逛這種商店的經驗是：好擠、好亂、找不到東西，同類商品好幾款價格要選誰？從經驗去想就找到核心問題了。

於是和業主討論：十萬件商品只挑三萬件賣相好、獲利高，以選物店模式釋放出百分之七十的空間，設計就有餘裕發揮。例如走道從最低限度 90 公分變成兩米六寬，展架可以做造型，減少陳列數量、但呈現出商品價值，原本價高難賣的反而變得容易銷售。此外，零售店習慣將櫃檯擺門口，我拉到店舖後端後，消費者進出店面、逛商品感覺更自在，櫃檯也能融合展示功能顯得更舒適，消費模式自然跟著改變。

Nic——這是從經營模式切入，根本上顛覆零售店面的空間邏輯。

和培——對，這案子也讓我意識到翻轉營運面、顛覆行爲就有機會改變作品，不然創意最終老是落回傳統模式——比拼細節材料和施工成本。

開發材質屬性與表現形式

Nic——這已經不只在想表象細節，而是從大方向解決問題，是針對行爲面，而不僅停留在材質、工法展現。除了前期跟業主溝通，我觀察你每個案子會根據氣質去發展細節，可能是展現工法或材料，那是依附空間故事而生？機能結構需求？或其他原因，蠻好奇你怎麼發展案子裡的材質工法。

和培——我很喜歡動手做東西，大學時接觸像電焊、灌鑄等，做室內設計後遇到材料更是上千上萬種。有選擇是好事，但偏偏我是有選擇障礙的人（笑），所以慢慢在想：能不能針對個案從頭做出想要的材料樣貌？例如磁磚，如果能根據脈絡自己燒製磁磚搭配，就不必等人代理符合需求的樣式。我們甚至有聘請過同事專門研究材質，他要懂材料工法、開發加工，但這需要長時間累積，通常大型建築事務所才有資源成立如此單位。

Nic——材料科學在各產業都算顯學，汽車、時尚產業都需研究如何開發、組合運用材料。但一般跨國設計公司的研究部門，多著眼收集已知材料、政治經濟趨勢資訊，還未見到有人可從顛覆材質切入改變設計，我就很期待你繼續這個計畫，也許會發展成作品或創作過程特點。

和培——目前我們還處在實驗階段，看哪個案子有機會朝這方向來設計、挑戰材質。

Nic——你會有特別偏好的材質嗎？比如說鐵件、木料或表現工法。

和培——應該說我比較喜歡顛覆材質，比如「冉冉」店裡最有趣是做那張六、七米長的吧檯，只用一種石材的各個剖面去拼貼、創造桌上風景。

Nic——類似微地景，坐下後視角才會察覺的體驗。

和培——對，石皮斷面就像山丘、斷崖，像在觸摸地表，它讓空間除了嗅覺、味覺又多了觸覺可體會，我想著墨於此而不是挑花色、對花拼貼而已。那 Nic 你選擇材料的依據是什麼？

從組合方式尋找創新

Nic——我比較傾向從個案故事性找表現特點的材質，例如《客從何處來》需要沉浸式表演的舞台氣氛，需要若有似無的層次，用玻璃、水霧都無法符合線條工學和我要的力道，最後找到密度可編排又帶韌性的釣魚線，這過程比較像依直覺摸索材料選角的方向。

所有材質計畫都從故事開始和環境建立合理關係，不會刻意開發新材質，像《湖泊下閱讀》定調五、六〇年代廈門生活背景，那時較少科技、精緻工法，所以空間朝木頭、黃銅和不影響自然光影的淡色背景編排，而非絢麗材料。

和培——其實我大學就看過你的作品，到近期那個用工廠氣瓶的案子（Nic：理想氣體實驗室）那個案子我很喜歡。後來你開始做地產案處理環境、建築，而且掌握細節、空間序列和整體質感光線都很成熟，動線流暢也不感覺制式。我很好奇你怎麼掌控異地設計案？我無法想像去設計一處到不了的空間，包括控制施工條件、細節的平衡點等，看那些案子我就會想：自己能不能做這樣的規模？要怎麼跨地處理？

熟悉材質，才能掌握工班和報價

Nic——多半是透過視訊監管施工，我在那裡的角色比較像中介者，有的案子從無開始，有些輪廓已定型、必須從室內優化故事，我們才會處理到統合建築和環境關係的範圍。不過地產案多半有固定模式，因此設計細膩度、故事無法再深化，反而會羨慕你能實地觀察、深度處理空間細節，包括掌控工法、家具和軟裝表現到位，都是遠端設計售樓中心很難達到的完整度。所以你能在作品建構氣質，甚至量身打造五金、工藝精準執行，需要熟悉工班、工法才能在預算內溝通。

和培——其實配合久了我和工班能迅速理解可達成範圍，比如材料支撐性或活動關節怎麼做更好？現在我只要把圖面畫細，包括轉角比例需要的標準，工班就能處理結構怎麼支撐出效果。

Nic——所以你把想法、圖面交給他們，細節能做到什麼程度由師傅去深化嗎？會不會礙於各工班經驗差異，做出來程度有差？

和培——當然，而且有時是組構方式、加工選材都會造成差異，當然講得愈清楚、圖畫得愈細，差別就愈小。最終還是看案場，我必須判斷有些設計到這部位、不同廠商做的差異會出現，就該停了。

Nic——我們在大陸執行遇到的狀況是工程發包、分工要極度細分而對圖面要求很細，以求各方能公平競爭、精準報價，和台灣施工報價的模式很不同。

商業空間變成「打卡熱點」、「網紅名店」？

和培——你會因應施工廠商狀況調整設計內容嗎？

Nic——一定會啊，在台灣設計施工的好處是，可從概念階段先和廠商溝通，不必為了做不做得到重複畫沒效率的圖，尤其是鐵工，這部分是你擅長的吧？

和培——我們確實恰好做了很多鐵工比例高的作品。

Nic——我覺得鐵工是最難估價的環節，因為其他材料都有經驗值供設計師判斷，例如木工做不到的細節可用電腦解決。但鐵工客制條件太多，厚度、怎麼折，變化性大就難估算料與工。每次案子裡要用鐵工，一定得在手稿階段先和師傅溝通可行性、預算，以免設計了卻做不出來。

和培——這也是設計師價值所在吧，因為處理相關材質的經驗，工法和風險包括怎麼收尾、焊點怎麼用設計處理等，當工班聽得出你有能力思考這層面，誤差值和風險成本就不會落差太大。

Nic——我覺得當前世代因為數位化，不同於過往紙本雜誌，對設計的影響層面在消化資訊的方式，因為容易取得、資訊爆炸而淺薄地拼湊，在形式上比拼，無法深入思考設計理由、論述完整性。

再者是「網紅」現象，現在聽到會因為聯想到「速食」而有負面印象。雖然社群媒體可替商空帶來人流，但也常遇到業主來一開頭就提想讓空間變「打卡熱點」。我認為名氣應是好設計帶來的附加效應，變成最初目標就很困惑：所謂打卡標準是什麼？網紅喜歡什麼？

和培——也許「打卡熱點」變成一種溝通語言，代表業主希望店面能帶來的效益，但以這為開場白，確實會讓人猶豫該不該接呢……我們是很少和業主討論到這點，或特別建構「打卡點」，其實只要處理好空間，自然會出現精彩角度。

Nic——沒錯，有時在社群媒體看到某店面，乍看一景非常精彩，但點入多看幾個角度，落差就出現了。可以這麼說，若將吸引網紅、打卡熱點當設計目標顯得倒因為果，品牌不只是做一端拍照好看、可以上網行銷的畫面，必須考量空間軸線、造型工法的合理性，加上前面提到營銷模式等等，才能在日新月異的風格趨勢找到特點、話題，避免被淘汰。

和培——不過社群媒體某方面也改變我們和業主溝通模式，像我接商業空間設計要三、四個月，施工期又可能再四個月，多數業主無法支付時間成本去等待空間完成、再入場營運獲利。但現在我們可以從動工開始，透過社群媒體分享進度或店面雛形，與品牌頁面相互 tag 來增加話題與關注。某種程度上，實際營運前業主可以和工地同步、操作行銷。若從這角度看，我認為是相互疊加、豐富話題性的好事。

Nic——等於讓你在施工期長度的問題上獲得解方，聽起來很不錯，而這模式慢慢生成讓業主信任的口碑，以現在社群語言可說你是自帶流量。

和培——我了解商業空間相對於其他類作品有很大的時間壓力，但這麼多年下來，我深知自己快不來、產能就是如此，所以願意放掉會被時間綁架的案子，開創自己設計的節奏和品質。

環境作為設計的催化劑

水相設計×共序工事

在地文化的國際思考

李智翔（以下簡稱 Nic）——浩鈞在回來工作之前，有在國外事務所工作過對嗎？那時候的影響回來後能繼續延續嗎？

洪浩鈞（以下簡稱浩鈞）——當初我在 UCL 的 Bartlett 學習時，有位老師是建築電訊 Archigram 其中一位成員，帶給我們和亞洲建築教育很不同的觀點，後來到 Heatherwick Studio 的經歷也有串連，無論是構造性、材料實驗性和對案子的切入點，都帶給我蠻深厚的影響。我認爲在國外無論唸書或工作，帶來的改變是觀念性的，當下不一定明白如何使用，但日後在工作上會持續浮現。

Nic——這倒是，我其實出國前不是唸設計相關產業，在那個年代國內教育都還算一板一眼、重視成果，所以到紐約 Pratt 接觸的一切都蠻震撼的。我們習慣的思路，和西方教育下的思考模式有很大落差，在多次課程討論、甚至後來到北歐遊學都可以感受到，他們願意用各種手法去探討、表達，不侷限於單一領域解決問題，面對議題跳脫框架的能力讓我印象深刻。這段求學經歷影響後來我看待「概念」、選材和思考空間的邏輯。

浩鈞——因爲慣用材質或線條機能，可能受在地文化影響，但思考邏輯能彈性、不受地域性所限。像你這幾年案子跨越不同城市，會根據當地接受度去克制自己的設計嗎？還是利用在地材質自由發展？但這樣怎麼維持作品性格？

Nic——對我而言「設計」跟時尚、時髦有關，但「在地」的東西會帶有歷史解讀，兩者屬性部分衝突，所以我必須拆解既定印象、慣用邏輯，甚至尋找印象中無關建築的材料，例如釣魚線，重新定義它，我習慣用此脈絡探討材質發揮性。

而地域性的差異，有時反而能從中抓出文化價值、轉變成靈感，例如武漢的案子我們以「里份」來架構故事，變成室內建築的量體造型。但光是拆解重組視覺符號是不夠的，我們會再研究文化對應的意義、能不能轉爲材質或其他細節的選擇依據？所以後來選擇象徵西方的水霧面洞石，以及象徵傳統的片瓦，但呈現的位置轉譯其在城市裡的佔比，那是一條文化線索。

類似的邏輯，我可以持續在不同背景的城市裡勾勒，將在地故事整合進空間，這種敘事性成爲貫穿水相作品的性格。

那你是怎麼看待在地材料呢？或者有沒有特別偏好的主軸？

設計留給環境發生作用的空間

浩鈞——其實來自國外、西方的材料我們看到都是比較高端昂貴的，在地原生素材眼之所及是好使用、好更換、維護、價格相對廉價的材料，我就想在裡頭找到新定義。像《泉。場》就嘗試以防塵網作爲建築立面。

Nic——我對這案子首先感興趣的是，你所提的防塵網並不是用在大門，而是建築側邊立面，這兩側立面雖沒有刻意以某種語彙來整合，卻又保有相同氣質，如果是我可能會將語彙延續到另一面。再來就是選材，你比較像是站在「翻轉」的角度去尋找突破點？

浩鈞——通常防塵網是施工期間的防護材，是臨時性的，我們從這點切入想將它變爲永久面，並賦予相對應的機能。比如二樓上午有東曬問題，防塵網在建築外過濾掉陽光就使光線變柔和，同時隱藏了室外機，使外立面更顯柔軟。

Nic——將防塵布的即時拋棄性轉爲永久功能性。

浩鈞——對，希望能透過設計把原本被忽略的材料或在地建築素材，翻轉成國際語言，審美能有共鳴的樣貌。此外，防塵布覆蓋的外層最後做了從上至下漸層配置，當風吹過會像裙擺飄動，它所反應的是物理現象狀態，

所以這立面平常像白紙一樣平淡，但當風力進來就會產生表情，這概念是為了讓建築物和環境產生對話，那「互動」也是我們在思考材質可用的新狀態。

Nic——這種和環境的互動性很有趣，我們先前在《中南廈門九錦台》用銅去創作畫面，是想把「時間」加進空間狀態，以三、四種不同工序手染銅，觀察材質在空氣中產生變化，過程中難以預期需要多長時間、氧化漸變的成效，當畫面達成我們要的狀態才進行封裝，好像把時間能對空間造成的改變也封存其中，最近接觸到一個藝術家是用電燒，過程也有許多無法控制的因子，尤其必須順著木紋發展，那些不能控制的都是材料本貌。

雖然我們都在挑戰材質的新狀態，但浩鈞又更聚焦於在地材質、台式文化的表現形態對嗎？

讓無名材質變成當代設計語彙

浩鈞——目前確實對這主題較有興趣，在我看來工廠常用的方管、鐵棒、不鏽鋼浪板等，還有前述提到工地用防塵布，都是在地很生猛的原生文化，我希望透過設計讓這些「無名英雄」被看見、提升，變成當代設計語彙，連帶讓大家認同自己的居住環境。

像我們在《泉。場》也曾花六個月的時間採集材質，拆解又重組來構成設計，比如工廠常見 T5 燈管原本是在天花板上，我們提議回收、轉 90 度變成列柱壁燈，翻轉型態去營造燈光陣列的氣勢，好像西方宮殿，但它其實是很「台」的素材。很多朋友踏入空間會說看起來很不一樣，但走近才發現細部是生活裡熟悉的、和自己有深刻連結，這就是我們想打破的材料想像界線。

Nic——從選材來看真的是很在地的台式文化，像你們這樣新的世代，會更期望轉換、運用在地文化材質，覆寫大家熟悉的屬性。接下來想嘗試什麼材料呢？

浩鈞——最近在構思一個品牌概念店，我們提議用世貿展場那種隔板系統，它可以快速移動、組裝成花架書架或隔間。我們思索為何在其他空間沒有看到？為何只能用在大型展場？一開始業主也擔心看起來廉價，畢竟是高端時尚品牌，但我們認為可以用設計改變它，且利用它的易變性，除了當隔板系統，是否能配合活動變展板？或移動組合圍塑出獨立空間如更衣間、VIP 室？這樣每次客人來都能看到空間不同樣貌，以它能帶來的實驗氣質和使用契機來說服，業主後來也接受了。

Nic——很期待看到後續發展，像這樣去實驗一個概念，不僅替材料開拓新定位，有時也連帶改變業主經營一個空間、品牌的思路，創造意料之外的價值情境。

設計老企業的新局面

浩鈞——是啊，說到這不得不提，當年我回台就知道水相，持續在網站上留意作品，一直覺得水相是挑戰傳統產業轉型的先行者角色，例如《濾境》這案子我個人非常喜歡，一直研究這案子怎麼這麼厲害！一個傳統飲水機事業，怎麼透過建築空間改造去達成他們想往未來前進的目標，我蠻想知道規劃這案子的幕後思路。

Nic——首先森泉是二代業主想做事業轉型，因此得滿足過去的空間使用者及未來企業目標，規劃時首先就得統合使用者、部門、不同機能區塊的複雜使用習慣。例如之前 RD 部門封閉在沒有光線的區塊，改造後我們希望參觀者、買家能清楚看見製程，因此打開 studio 不是為了炫耀，而是希望它變成一種狀態、象徵品牌能力的畫面，很多電鍍、

濾心製程也操作成構築畫面的元素。

當然有些挑戰是例如有時 RD 部門需要安靜環境，設計概念得取捨；案場是老舊工廠，改造之餘也得展現對過去使用環境的尊重，所以最後我們留下一些建築原初結構、皮層，是對五〇年代記憶的尊重，同時添購一些新材質如 U 型玻璃、類似裝置藝術的長型工作吧檯，以鮮豔顏色去轉換性格。透過新舊交錯的線索，保留過去和未來的銜接關係，同時希望迎接更新的展程，提供使用者更適應未來的解答。

從革新空間到釐清思維

浩鈞———我認爲水相這些案子的累積，讓年輕人看到一種可能性和鼓勵，原來和業主可以達成這樣的共識和結果，鼓勵我們去挑戰業主（笑）、提出不同的思路，而不只是照著業主所想去執行。

Nic———浩鈞應該也接觸到不少這類產業接班、尋求轉型的空間任務，像《泉。場》、《鳳嬌》都是吧？不只是改造舊空間，還得思考產業如何表現新局。

浩鈞———我們目前接觸到第二甚至第三代接班人，他們都面臨很大壓力，有同業競爭、如何突破重圍脫穎而出、達到商業品牌的轉型，也是我們面臨的挑戰。

Nic———二代業主本身成長環境就不太一樣，所以他們也亟欲創新，設計師有時候可以幫助他們釐清主軸。

浩鈞———是啊，例如《泉。場》這個案子是電梯零件製造商，基地在三重很老的頂崁工業區，鄰近都是類似加工型小規模工廠。業主在原有工廠之外又買了新廠房，洽談過程中我們感受到業主很害怕失敗，第二代希望跳過傳統只幫電梯大廠代工的模式，希望直接服務更多私人業主，包括設計師、建築師客製化電梯的需求。

首先我們認爲整體建築設定必須跳脫傳統工廠印象，但又要反應周遭工業區背景。其次是運用業主技術，合力打造一部新型態電梯，車廂內沒有任何按鈕、必須跟電梯講話下指令運作。一開始這想法嚇了業主一跳：沒有按鈕怎麼用？但此後開始思索、整合技術資源，才發現可以實踐這個概念型電梯耶！最終這概念變成業主未來對客戶最好的展示。

在《鳳嬌》一案也是，透過空間配置和設定，讓來訪者經歷一輪紙張的儀式體驗，接下來才開始觀察紙類觀察、交流、研究計畫。根據我們的觀察，新一代業主的共通點是希望傳達與人不同的價值觀，甚至透過體驗去強化產業轉型。

分或合 各有風景

Nic———《鳳嬌》這案子很有趣，它是一個長軸基地，對我而言這種空間最難佈局，因爲動線將很單一，難以配置迴路、層次，也不好控制節奏方向。你在入口就放一個跟空間成垂直的軟性裝置藝術，我可能就不會這樣操作，也可能把樓梯放在最後面，順勢將不符合長軸關係的東西整合在一起。所以看這案子對我來說是種學習，學習我未曾想過的其他解法，不是把所有東西整合得很規律、有系統才能看到完整性。對水相而言，我覺得先行者有點過譽了，我們也希望多與新世代設計師交流、找到脈絡互相學習。

水相設計×源原設計

空間故事的宏觀與微觀

李智翔（以下簡稱 Nic）———我拜訪過 Peny 的辦公室，發現一件事當時讓我印象蠻深刻，記得你分享一間軟裝廠商與國外藝術家合作，專門替空間量身打造原創的藝術品，我想這代表你在設計早期階段，就考慮到這麼細微的環節；像我多半是空間軸線、tone and manner 發展到比較成熟的時候，才開始搜尋合適的藝術品去強化個性，但你把軟裝的重要性排得更優先，我覺得從這部分可以感受到你嘗試在住宅裡找尋突破。

謝和希（以下簡稱 Peny）———對，對我來說藝術品或家具軟裝，都能看做建構室內立面的素材、成就空間性格的完整度，可能也因住宅尺度能突破的項目有限，我就更看重軟裝對空間的影響力，一件適當的藝術品，可能就是空間材質的縮影，或者氣氛的破題，若以此重要性來看，就不可能排到最後才找尋方案。Nic 一些尺度較大的室內建築作品，應該也有專門合作團隊去配合？

Nic———幾乎每個案子都會有，我們也會根據作品故事情境提出建議，但因為施工地點只能遠端聯繫，且通常軟裝在商業空間裡變成最後才填入的素材，時間壓力下那契合度、細節就有落差了，常常會是我覺得可惜之處。

Peny———可能跟空間屬性、場域尺度也有關聯，面對大尺度的基地，你要先掌握的軸線關係也相對複雜。

無論尺度，思考軸線永遠是第一步

Nic———通常像售樓中心這樣規模的案子，要考慮水平、複層構築的動線，軸線關係、牆體厚度等角度去表現力道美感，單從平面配置著手很難掌握，因此我們多半從 3D 開始模擬概況。一邊構築結構、一邊確認各角度效果，這裡所說的效果比較屬於視覺上的空間感，包括景深、軸線關係、使用者怎麼去欣賞或體驗建築。

Peny———其實我處理住宅作品也需要在平面時搭配 3D，方便綜觀軸線、對稱性、想製造的端景與張力，有助整合空間需求。我認為軸線上的端景還是決定空間看來舒適與否、想不想繼續探究的要素，無論軟裝在工作程序上哪一階段，隨時宏觀看整體還是必要的。

總想試點什麼不一樣的

Nic———我也觀察到你在最難找到突破的住宅領域，卻不停想在造型、材質或思考方式上尋求突破點，本來可以用既存元素輕鬆帶過、卻要實驗困難手法表現，例如浴室洗手台有多種簡單做法，甚至衛浴家具能挑得到款式完成，但你卻能想到用好幾種石材加工方式來拼貼，或是有個案子做出弧面的門，我在這些部分一直感覺到「想試點什麼不一樣的」能量，甚至讓我想到這時期的自己也是如此在追尋突破點。

Peny———要說是不安於現況嗎（笑）？這階段我會想，完成同樣的住宅目標是否有不同的解方？那解方的手法有哪些組合？在不同案子裡會努力去尋找和實驗，所以我不認為住宅作品用相似選項拼組就好，有時商空和住宅的手法也能互有啟發，像我設計過一個大尺度主臥衛浴，腦海中浮現你有個案子用兩道弧牆錯位……。

Nic———應該是濟南售樓處那個案子。

Peny———對，那個案子的量體、線條感很美，我覺得以雕塑形式處理掉門框開口很優雅，所以應用到水槽和浴櫃，以一體成型的兩條拋物線岔開形成，像這種啟發對我來說就蠻棒的，大尺度商空裡的概念，也能解決我住宅裡小難題。

Nic———很高興能派上用場（笑），不過住宅有較多細部考量，在你作品常藏有一些細微個性，可能是一座樓梯，尤其你的樓梯都頗具特色，或者一個物件或家具，有建築拆解形體的層次，也有一些比較 funky，例如圓形櫃了，會讓人琢磨一下的實驗感。

我猜想你是先有一個目標，所有空間依附這主軸發展，還是說這些線索都是跳躍的，你在過程中慢慢聚集、整合才形成一個共同目標？

Peny———我感覺現階段兩種都曾試過，更抽象來說，我算是努力在有限發揮空間，不一定是指坪數而是住宅更要配合機能考量，在各種有限裡藏進一些自己的語言，但因為目標有所限制，還是得時時回歸整體系統檢視。我在想，也許商業空間可以放掉的層面比較多？或者說比較彈性？

空間裡「必要的浪費」象徵生活取捨

Nic——客觀條件是如此沒錯，甚至我認爲要營造商業空間的個性有一個特點是「必要性的浪費」，比如走道畫出90公分寬已符合規範，但無法表現尺度或有氣氛的畫面。你可能得放大廊道或天井這些機能弱的區域，而不是恰如其分配出中規中矩的平面就好，這牽涉到說故事的手法。我自己在面對空間時，習慣先考量或去觀察的也是這層面的安排。

Peny——相形之下，住宅需要溝通的「浪費」比較算是應用方式的取捨，例如室內50坪可配置三間坪數均等的臥室，但眞有需要多一間當客房嗎？是否能以其他方式解決偶爾留宿的需求，捨棄房間數換取更好的生活畫面？

Nic——這點我有同感，我們有個案子《時年》，通常住家是30坪排兩房，這案子是130坪只要放兩個房間，但剩下的坪數絕對不只是空著就好，一開始會習慣去想「塡滿應用機能」，比如要有書房、有茶室、有不同功能的起居室等，好像小坪數無法實現的空間用途，要在大坪數裡全數派上用場。事實卻非如此，人在家裡、生活裡需要的彈性是一樣的，無論可見坪數大小，所以最終我們還是保留許多區域的「用途」讓業主入住、生活後自己決定。

Peny——說得沒錯，在界定用途的思考點上若能保有彈性，對未來生活會更有憧憬的動力，所以常常在遇到業主捨不得房間、區域數量時，我會用「憧憬」來說服業主思考如何取捨。

Nic——這一兩年我開始慢慢思考，在住宅案裡我們的角色是創造生活模式，沒有公式可循。隨著年齡增長，我甚至試著拿掉早期常用符號式、線條、克制外放手法，而不是做滿硬裝表情、失去未來的彈性。甚至希望使用者參與其中，設計師只在輔助業主完成想像。

Peny——但有時你會想傳達設計師的個性、或對於生活、美感的價值觀，那不一定與業主的經驗或機能相符，該怎麼控制保持平衡？

Nic——住宅是必須壓抑一下，因爲行爲上不同於商空是衆人使用空間，不需要細化到服務所有人，使用者有他的使用經驗，必須被滿足。隨著年齡的增長，看待住宅案的方式也不太一樣了，以往刻意的著墨在細節、線條、色彩、形體的獨特性，從幾年前設計自己的家開始，入住時其實沒有太多硬裝，多半用可活動的家具，然後陸續隨著生活型態替換、改動位置，眞正請攝影師來拍照已是入住三、四年後，到那時候我才眞正感覺接近理想狀態，同時也因爲走了好幾年的《時年》那案子，開始反思：我不可能代替屋主先住進空間生活，怎麼能替他們決定做到滿呢？

立定思考邏輯，比建立慣用材質色彩風格重要

Peny——那像剛剛提到，設計商空你會用3D同步平面去拉展比較宏觀的軸線關係，設計住宅呢？你會有習慣的設計起步嗎？

Nic——我通常分爲兩個層面思考，首先決定地坪，對我而言那是畫的背景、決定空間氣韻；其上的立面與家具則像畫的筆觸，它們的發展能隨機而浮動地調整。其次，選材不只是決定用什麼依附地坪或牆體這麼表面，還牽涉牆體厚度、紋理方向等細節，都能影響我們對空間的判斷。

Peny——通常確認架構後我開始發展立面，慢慢發展出機能、造型到最後都需要素雅地坪來平衡空間，凸顯立面層次，地坪對我而言比較是收攏氣氛之用。

Nic——那色彩呢？我看你的住宅作品，色彩通常會靠攏一個調子？

Peny——可能在設計上我偏好落實細節，所以沒有太多表現顏色的慾望，反而喜歡在同色系基調下拼接不同材質、創造觸覺變化，例如石材除了亮面霧面，還有刮爪或橫直紋拼接，很多可以玩的。Nic應該色彩用得比較豐富，你是怎麼思考顏色與材質結合模式呢？

Nic——可能跟學畫經驗有關，我蠻喜歡在空間加入色彩，商業空間也可大膽嘗試。

Peny——但你怎麼決定案子裡的色彩調性？

Nic——我放顏色必須有故事脈絡可循，例如《理想氣體實驗室》因高科技氣體公司所有瓶裝都

要防鏽，所以我們用了漸層色佈局；《水相事務所》的水蔥色地坪不僅符合空間形象，也是試著連結衫本博司海景攝影的選擇。

Peny——等於選材質同時思考色彩，而不只限於塗裝、軟裝才想配色。

Nic——對，但住宅的顏色會稍微收回來，避免直接彰顯材質顏色的力道過於壓迫濃重。最近有個住宅案位於故宮旁，我選擇中國唐朝越窯瓷器的「秘色」當背景，讓概念以含蓄手法藏進空間。

保持靈活，才是突破框架的動力

Peny——連故宮都能出借創意，聽起來很多事情能成為觸發你靈感的來源？

Nic——其實我不算能專注讀書的人，所以會從電影、傳記、藝術、運動、通俗文學甚至脫口秀雜食吸收，背景多元的資訊能衍生出各種線索，整合起來就成為創新的動力，或者某種程度這些是讓自己天馬行空。

我覺得創新就是對過去作品的反省，再自我演化。對過去的不滿足，對未來的渴望，影響你創新的動力。各種領域：通俗的、文學的、藝術的都可以從中找到線索。Peny有習慣醞釀靈感的方式嗎？

Peny——我認為美是隱藏在生活中，比如看一本雜誌也可以很快樂放鬆，好好生活才能滋養自己，不是用力去找靈感。有些設計裡的線索甚至出現在我每天開車經過的高架橋上，沒有一定要去哪裡才能激發靈感。

Nic——眞的要好好生活、開放地接觸不同資訊，很多時候我們也藉著業主的興趣、職業專長接觸到陌生領域，撞擊出新觀點、又帶到之後的案子裡。

Peny——我覺得你本身就是思想創新、open mind的人，對於新東西的敏銳、吸收度甚至強過我們，這種思維下的作品也會跟人一樣，個性眞的會表現在作品中，這是我在你身上學到的地方。但你會因此特別偏愛新科技、新材質嗎？我看你的作品好像沒有刻意在彰顯這塊？

Nic——其實比起追逐新材質，我更感興趣是「拆解」材質，假如我們都用既定印象去賦予材質功能，設計過程就沒那麼有趣了。思考材質對我而言另個意義是，可以消弭人工線條比重，像《分子藥局》利用鵝卵石在櫃體工整線條間達到平衡，我喜歡去思考還有什麼選擇來替代工整精緻的線條，答案不見得會是當下最流行的材質。Peny設計住宅呢？你有慣用材質或選擇方針嗎？

有「解題」的新意比開發新素材重要

Peny——我的想法跟你有點接近，我覺得創新不是致力去找沒用過的東西，我也不介意某些材質重複出現在作品裡，畢竟住宅需要可長期相處、耐看的，加上比起商空，家裡的材質會更頻繁觸摸，所以我傾向找觸感上能引起使用者共鳴的，例如木材、石材，去思考它們組合、詮釋方法有什麼新切入點。

Nic——沒錯，重點是在觀點、解決問題的方法要創新，如果只用當前材質顏色表現，流行一過就容易浮現時代感。

Peny——那在售樓中心的案子裡，會比較需要用炫麗、流行材料表現效果嗎？

Nic——當然還是有追求那樣風格的市場，但我們比較堅持用故事、氛圍來說服業主經營維度更廣的設計手法。我覺得近年在地產設計案裡感受最大反而是角色轉變，過往我們定位室內設計師專注於單一領域，但進入開發案後水相比較像連接建築、景觀的中介角色，有些案件甚至得改變建築景觀邏輯。像最近在三亞的案子，就建議將原本厚實高聳的建築改為輕碰大地、相容於自然的量體，用低調、迂迴的美感讓景觀融入室內，從未來起居角度去影響建築外觀計畫，操作上打破過往三方獨立的思考疆界。

Peny——也許未來建築、景觀、室內三方在案子合作甚至前期教育思考上，都更有機會打破專業的疆界。

Nic——沒錯，如果能那樣去設計、尋找合作的想法可以更自由更立體。

設計能量拉展的商業力量

水相設計
×分

帶著簡報登門的業主

劉彥伯（以下簡稱 Tony）——怎麼替店舖選到設計公司，其實一開始我下了很大的功夫，因爲從未接觸過設計領域，我先跑去誠品買了好幾本室內設計外文書，尋找喜愛風格的錨點，再到網路上看國內哪些設計公司與之相近，挑出五間設計公司後，就把他們的作品並排在電腦螢幕，兩個禮拜內每天看、哪間看膩了就淘汰，最後剩下水相的作品，看了一個月還是很喜歡，我就決定找你們了。

李智翔（以下簡稱 Nic）——記得一開始你還做了一份完整簡報，介紹你想怎麼做一間不同的藥局，我們第一次遇到帶簡報來討論的業主（笑）。

Tony——因爲很怕被你們拒絕，想要表示這眞的不會是無聊的案子！

Nic——那時候其實「分子藥局」的品牌名字、行銷策略已經有方向了對嗎？

Tony——因爲我自己對行銷有興趣，很喜歡想東想西，所以決定做這空間時，已經先想好品牌佈局。有別於一般命名傾向，我希望呈現更現代、優雅的經營模式，所以分子是在此前提想到的調性。

我在藥局長大的背景，加上曾在連鎖藥局工作的經驗，看到傳統藥局許多局限性，他們可以統稱爲健康產業，有許多可重新定義的地方。如果我把一間店做得更有設計感，它能成爲一個有科學感、現代的健康平台和媒介，讓想要獲得健康資訊的人進來，而不只是像以前生病了、拿處方籤藥才進藥局的印象。我相信有不少人會想要好一點、天然的產品、更專業的諮詢服務，而不是拘泥於減價競爭。

Nic——某種程度上是跳脫傳統藥局、連鎖藥妝店的另一種型態，那樣的話將更強調感受式、體驗式的互動與氛圍，所以你想要直接先從空間去改造既定印象。

Tony——對，先從空間顚覆消費者對產業的印象，最具體最快，但沒想到會做得這麼瘋狂（笑），我記得剛開幕時人潮很多，因爲太炫了、很像那種很有質感的夜店，還有朋友開玩笑說，假如眞的當夜店經營就賺翻了。

Nic——我認爲好的案子是立基在強力的故事腳本上，可以發展依附的線索更豐富、節奏清楚。像造型上我們就會去拆解「分子」這概念的細節，轉化成藏在空間裡的邏輯，或延伸類似像實驗室、實驗桌、試管的環境畫面。

你從頭到尾對提案的接受度都很高，但家人呢？爸媽可以接受這種藥局嗎？

Tony——我記得第一次看到提案內容就很驚艷，然後開始忐忑，因爲那遠超乎爸媽經驗所能理解的模式。

Nic——難怪第一次提案後沉寂好長一段時間都沒有回應……。

Tony——因爲在花時間努力說服他們！要慢慢解決他們心中的疑慮，比如說長得不像藥局像夜店或花店，那怎麼賣藥？想出更多元的商業模式，因爲那時台灣已經有一萬間藥局，我們如果再開第一萬零一間怎麼讓別人看到？所以空間樣式、形象是我認爲不能妥協的核心價值，走回傳統安全的空間模式對我而言沒有太大意義。

一間有中島吧檯的藥局

Nic——看來已經不是產業革命了，還得先進行家庭革命啊！關於跳脫傳統的方向，一開始你也丟出蠻多靈感，比如裡面想要健身房、果汁吧，雖然限於基地尺寸無法執行，但開啟很多概念、打破藥局的功能框架。我想這應該是和社區更緊密互動的場所，角色、空間功能更複合。

Tony——我認爲醫藥通路的產品差異性不大，能拉出差別的是服務，另外是體驗，所以「不是只有生病的人才想進來」以及「怎麼留人在空間內走逛」是我最初想像得到的

調性重點。

Nic —— 第一次提案就有吧檯中島的輪廓，希望打破藥劑師和顧客隔著櫃檯互動的模式，讓大家在環境裡走逛更自在從容。不過說實在，提出中島佈局時我有點猶豫，擔心突破太大，沒想到第一次提案就成功。

Tony —— 因爲最初除了想要很不一樣的空間，我沒有預設造型，也不想以其他國內外已有的樣式當根基。這個店面某種程度上將是溝通品牌形象的空間，也許現在網購是相對方便舒適的消費方式，但實體店舖環境可供的體驗、同好社交，甚至以店面當品牌形象的優勢仍不可替代。

Nic —— 你當時有設定這間店會當類似旗艦店的角色、後續再發展分店嗎？

Tony —— 有，有想過這會是品牌的雛形，所以一切架構調性都要淸楚定義，呼應企業文化，會希望空間有自己的氣質。

Nic —— 我們最近一個客戶是網路電商，雖已是全台第一大女裝電商品牌，仍想做實體店去包裝，因爲它能結合商品和空間產出文化價值，透過體驗傳遞給消費者。規劃《分子藥局》之初也是想，這種商店的地域性極強，它甚至可以當作社區交流中心，在那樣的概念下，人和人如何在空間互動、空間如何協助說服或傳達知識，成爲設計核心腳本之一，也是對照產業傳統性企圖顚覆的要素。

材質的取捨與實驗

Tony —— 討論過程中，印象最深刻是報價單上看到鵝卵石，我還問你：「確定一定要用鵝卵石嗎？不用這個價錢會不會調整？」

Nic —— 鵝卵石其實料很便宜，是因爲手貼整面牆的工錢比較貴。但材質就是很神奇的東西，有些替換掉、韻味就消失了，我希望在空間中營造自然畫面，假如換成手工漆或大理石，氣質就完全不一樣了。

我們原本定義就是很自然、科技產業、專業技術，希望空間能加入一些自然畫面，就像吧檯原本想用水磨石，但你給我看過一張木頭製吧檯的照片，我就覺得木頭好像更符合那樣的情境、原木又會比木皮更適合。

Tony —— 後來一貼完我看到就覺得效果超好：啊！就是它了，果然該這樣，幸好沒換掉！

Nic —— 但壓克力展架我就認爲不需要了，一開始出發點是想淡化人工化，認爲壓克力看起來比較輕薄，能讓產品有律動地漂浮在空間中。但全數採壓克力的報價太高，我就認爲那效果不必如此高昂的成本來實踐，可以改個方式，所以利用鐵件來架構，我刻意設計框料都大一些，將每格想成一張畫。

Tony —— 那時你還叫我把幾百類產品排列出來、分類，我也照做了。

Nic —— 因爲藥品整齊塞滿格子的話，看起來就沒有節奏、會很亂，得依形狀色塊分類、擬定排列計畫，框格裡必須留天留地去呈現排列出律動的商品，它們就像藝術展品。

Tony —— 原本空間中央吊的藝術裝置，也換過選項吧？

跨國集團爭相合作的機會

Nic —— 對，原本要用一座超大型類似船艦的金屬藝術品，因爲線條結構細節和燈具有所呼應。但後來你找了另一個花草裝置藝術，原本我還擔心自然比例太重，畢竟下方已有塊原木中島，後來發現這選項更好，它枝葉自然垂吊的線條和燈具互映、產生律動。我認爲這些討論過程都很有建設性，也眞的要感謝你，我們提出的創意你幾乎都支持，作品才有這麼完整的發揮空間。實際經營幾年後，你覺得空間有帶來什麼實質改變嗎？

Tony —— 我沒想過這空間會帶來如此大的迴響，首先一開始大量媒體曝光，接著很多單位聯繫想合作，例如美國投顧公司想投資、加州有百貨公司找我們進駐，接著大陸商

業集團也來詢問進駐百貨、複製擴張的意願，這些都超乎預期。沒想到一間店舖會如此快速帶來改變的觸點，原本我只想透過設計優化藥局功能、角色，但帶來大量的商業機會，是當時我的能力無法判讀、沒把握去執行的，甚至有種感覺，分子藥局好像變成一個有能量有意識的人、猛拉著我向前，快不是我能控制。

設計能量帶來的巨大衝擊

Nic——我們在大陸看過很多商業空間都是如此，一間店紅了、確定獲利模式前，第二第三間店已經準備要開幕，因爲他們有很多城市可擴張，必須求新、求快，這有很大的地域性差異，我們就會傾向把第一間店好好做起來了，才去思考要不要擴展第二第三家。

Tony——對，所以站在浪頭上，我突然沒把握如何這麼快去規劃策略、複製模式，如果當時商業能力夠已經賺到很可觀的收益，這部分給我內心衝擊也蠻大的。不過這過程把我眼界拉開了，因此認識很多人、獲得來自各領域的建議，知道做好一件事的影響力可以帶我走到多遠的地方，也許當我沉澱、準備好、有新想法要再執行，能規劃得更完整、更確實掌握設計爆發帶來的節奏和機運。

Nic——所以設計帶來的能量是很可觀的。

Tony——事實是，眞的可以靠一個空間創造極大的發展可能性。只是當初自己沒把很多實際商業模式想得太仔細，多半以概念來溝通設計。

Nic——那空間所形塑的氣質，有改變你或員工的使用習慣嗎？

Tony——我認爲蠻有趣的是，這空間調性促使銷售和策展同時進行，在很多意想不到的對象留下印象，面試新進人員時很多人都會說，因爲我們之前辦過什麼活動，所以想來此工作。當然也會有水土不服的藥師，他們覺得爲什麼我要去挖冰淇淋？學手沖咖啡？所以中間經歷過一段汰換潮，後來發現這間店找人不能用經驗當判斷依據，我們要找文化價值相近的，因爲喜歡這一切才能待下來、在不同細節上努力。這幾年來如果找到價值觀契合，他的表現會比其他人好。

空間呈現品牌價值，長久下來與消費者溝通，支撐的印象也會比較深刻。

Nic——事後有感覺一些操作細節，和當時想的不一樣、或者不易配合運作嗎？

Tony——應該這麼說，當時我沒有想那麼仔細，只提出一些概念性的東西來討論。後來空間確實吸引很多人前來，而我想透過場域來做的事也很多，例如賣咖啡、賣冰淇淋，辦過講座、VIP 活動甚至晚會，但基地空間不夠大是事實，如果有些展架或硬體如板塊能移動，像變形蟲那樣隨情況調整，或許配合活動調整動線、容納人數可以更有彈性。比如現在如果要辦 VIP 活動，單一區域能塞入 20 人座位就很擠，這方面的體驗就會有操作問題。

替故事預留彈性

Nic——其實長型線型空間動線，我認爲是最難變出動線層次的基地形狀，它缺乏兩側或其他入口來擴充動線彈性，但也不能從頭到底留白只求應用模式彈性，假如沒有隔間、樓梯展架就無法創造視覺焦點，例如旋轉樓梯的位置就試了很多版本，放旁邊或角落，會使狹長空間一眼看透而無味，最終放在中間就能界定出層次變化。

但回過頭來看，假如舉辦活動會成爲空間核心行爲，設計就會以其他模式來看，例如可能得像博物館，讓隔板展架能被拆卸重組，方便辦活動或品牌跨界合作之用。

Tony——對，辦活動也是這幾年才發展出來的模式，也許有下一家店的話可以這麼做（笑），透過講座或展覽，讓人、藥品和空間三方緊密結合，深化品牌的價值。

Designer 46

約略之間

不被時間推翻的設計

作　　者｜李智翔
文字編輯｜陳玟錚
企畫統籌｜李嘉桂、蔡宜玲
責任編輯｜許嘉芬

美術設計｜liaoweigraphic
編輯助理｜劉婕柔
活動企劃｜洪擘
人物攝影｜張立馨、劉煜仕
空間攝影｜李國民、吳鑑泉、趙宇晨、Sam & Yvonne、李易暹、亮點影像、魯芬芳、一千度視覺

發 行 人｜何飛鵬
總 經 理｜李淑霞
社　　長｜林孟葦
總 編 輯｜張麗寶
內容總監｜楊宜倩
叢書主編｜許嘉芬

出　版｜城邦文化事業股份有限公司麥浩斯出版
地　址｜104 台北市民生東路二段141號8F
E-mail｜cs@myhomelife.com.tw
電　　話｜02-2500-7578
傳　　真｜02-2500-1916
發　行｜英屬蓋曼群島商家庭傳媒股份有限公司城邦分公司
地　址｜104 台北市民生東路二段141號2F
讀者服務電話｜02-2500-7397；0800-033-866
讀者服務傳真｜02-2578-9337

訂購專線｜0800-020-299（週一至週五上午 09:30 - 12:00；下午 13:30 - 17:00）
劃撥帳號｜1983-3516
劃撥戶名｜英屬蓋曼群島商家庭傳媒股份有限公司城邦分公司

香港發行｜城邦（香港）出版集團有限公司
地　　址｜香港灣仔駱克道 193 號東超商業中心 1 樓
電子信箱｜hkcite@biznetvigator.com
電話｜852-2508-6231
傳真｜852-2578-9337

新馬發行｜城邦（新馬）出版集團 Cite (M) Sdn. Bhd. (458372 U)
地　　址｜41, Jalan Radin Anum, Bandar Baru Sri Petaling, 57000 Kuala Lumpur, Malaysia.
電話｜603-9056-8822
傳真｜603-9056-6622

總經銷｜聯合發行股份有限公司
電　話｜02-2917-8022
傳　真｜02-2915-6275
製　版｜凱林彩印股份有限公司
印　刷｜凱林彩印股份有限公司

版次｜2023 年 4 月初版一刷　定價｜NTD. 650

約略之間：不被時間推翻的設計 / 李智翔作 . -- 初版 . -- 臺北市：城邦文化事業股份有限公司麥浩斯出版：英屬蓋曼群島商家庭傳媒股份有限公司城邦分公司發行 , 2023.04
面；　公分 . -- (Designer；46)　ISBN 978-986-408-889-8(平裝)
1.CST: 設計 2.CST: 藝術哲學
960.1　　　111021332